LE CORTÈGE D'ALCIBIADE

ou

Le Peuple couronné de Violettes

Imp. E. BOUAY
1919

..... Voulaient-ils vous duper, ils n'avaient qu'à vous
appeler *le peuple couronné de violettes;* et à ce mot de
violettes, vous vous dressiez sur le bout des fesses. Ou si,
pour chatouiller votre vanité, quelqu'un disait : *la grasse
et riche Athènes,* par cette graisse-là, il obtenait tout, parce
qu'il parlait de vous comme d'anchois à l'huile.

ARISTOPHANE, Les Acharniens.

..... Je voudrais quelques produits d'Athènes, que nous
n'ayons pas en Béotie.

— J'ai ton affaire : emporte un sycophante...

ARISTOPHANE, Les Acharniens.

..... Le peuple, se voyant sans guide, l'a pris (Hyperbolos) au hasard, comme celui qui est nu saute sur le
premier manteau qu'il aperçoit... Nous en serons, du
moins, plus clairvoyants.

— Et pourquoi?

— Parbleu ! c'est un marchand de lanternes.

ARISTOPHANE, La Paix.

Du même Auteur

Les Contes de la Reine Mab. — Chez Léon Vanier, édit. *(Epuisé.)*

Nouveaux Contes de la Reine Mab. — Chez Léon Vanier, édit. *(Epuisé.)*

Le Supplice d'une Epousée, pièce en 4 actes. — Edition de l' « Avenir dramatique ». *(Epuisé.)*

Les Grandes Légendes de l'Humanité. — Schleicher frères, édit.

Le Roi Grallon, tragédie en 5 actes et 7 tableaux, en vers. — Bibliothèque générale d'édition.

L. MICHAUD D'HUMIAC

Le Cortège d'Alcibiade

ou

Le Peuple couronné de Violettes

Comédie en quatre actes, en vers,

représentée, pour la première fois,
sur le Théâtre antique de la Nature, à Champigny,
le 11 Août 1907.

PARIS

BIBLIOTHÈQUE GÉNÉRALE D'ÉDITION

Editeur de la Société des Poètes français
78, rue Taitbout, 78

—

1907

Au vénéré Maître

CAMILLE SAINT-SAËNS

TRÈS HUMBLE HOMMAGE

D'ENTIÈRE ADMIRATION ET D'AFFECTUEUX RESPECT

Extrait de l'Histoire d'Alcibiade

Par Henry HOUSSAYE

———

..... Il y avait alors parmi les démagogues d'Athènes un certain *Hyperbolos,* du dème de Pirithoüs, homme bas et envieux, méprisé de tous, mais insensible à l'opinion et s'enorgueillissant de dédaigner la gloire et de braver l'infamie. Il exerçait le métier de fabricant de lanternes. Sa profession et sa conduite vile faisaient d'Hyperbolos la victime grotesque des poètes comiques. Le peuple riait de lui sur le théâtre et le mésestimait dans la vie privée et dans la vie publique...

..... Selon un passage d'Aristophane, Hyperbolos avait acquis un certain ascendant sur la plèbe aussitôt après la mort de Kléon. Il se flattait, sans doute, de succéder au vainqueur de Sphactérie comme chef du parti avancé, lorsque l'arrivée subite et brillante d'*Alcibiade* aux affaires, avec l'appui de ce parti, le fit tomber de ses ambitieuses espérances. Il voua une haine profonde à son victorieux rival ; haine que les succès d'Alcibiade et l'enthousiasme du peuple accroissaient et avivaient sans cesse. Si, comme *Nicias* et les oligarques, Hyperbolos n'osait pas attaquer directement Alcibiade devant les héliastes, par crainte de la condamnation qui menaçait les délateurs convaincus d'imposture, il n'avait pas les mêmes hésitations que ceux-ci à recourir à l'*ostracisme*. Hyperbolos ne redoutait pas cette loi, qui ne pouvait l'atteindre. Ce bouffon de la multitude était au-dessous du bannissement par l'ostracisme. Cette noble peine, qui, loin d'être infamante, était un honneur, n'avait été instituée que contre des citoyens dont les grandes vertus et la puissance démesurée menaçaient l'égalité démocratique et la souveraineté populaire ; on ne l'avait appliquée que contre des hommes tels que Klisthènes, Alcibiade l'Ancien, Aristide, Thémistocle, Cimon.

Hyperbolos, voyant que la dissension entre Alcibiade et Nicias était au paroxysme, que Nicias avait atteint au dernier terme de l'impopularité et que le crédit exagéré d'Alcibiade sur le peuple, ainsi que sa conduite sans frein et ses caprices arbitraires étaient pour quelques-uns les indices qu'il aspirait à la tyrannie, ne différa pas plus longtemps : il émit la proposition d'un vote d'ostracisme...

..... Dans ces assemblées extraordinaires, annoncées à l'avance par les hérauts et qui avaient pour but un vote d'ostracisme, on voyait affluer à Athènes les habitants des dèmes les plus éloignés... (La majorité de la population suburbaine tenait pour Nicias.) Alcibiade craignit donc de ne pouvoir détourner ce péril à l'aide de ses seules forces. Il alla trouver Nicias et persuada à cet adversaire de se liguer momentanément l'un à l'autre pour faire tomber la sentence d'ostracisme sur celui-là même qui l'avait proposée, sur Hyperbolos.

..... Au jour du vote, le dépouillement des coquilles et des tessères donna six mille suffrages contre Hyperbolos.

..... Les Athéniens commencèrent par rire et par se féliciter du résultat de ce vote. Bientôt après, ils le déplorèrent. Ils s'indignèrent d'avoir désho-

noré l'ostracisme en l'employant contre **un être**
aussi méprisable.....

L'exil d'Hyperbolos est le dernier exemple d'ostracisme. Cette institution fut abolie. L'application
à contre-sens de la loi tua la loi.

Par le bannissement d'Hyperbolos, Alcibiade
n'avait pas seulement détourné un péril imminent:
il avait à jamais brisé l'ostracisme, cette arme
redoutable qui menaçait sans cesse les puissants
et les ambitieux.

Note du même livre.

Le bannissement d'Hyperbolos occupa tellement
l'opinion publique que Platon le Comique écrivit,
à ce qu'il semble, une pièce sur ce sujet. (Meineke
et Bothe, *Argumentum Hyperboli fabulæ, in Frag-
mentis Comicorum Græcorum,* p. 248, édit. Didot.)
On en a conservé quelques fragments.

ACTE PREMIER

ACTE PREMIER

Un coin de l'Agora d'Athènes, près du portique du Poïkilos.
Une taverne sous le portique.

———

SCÈNE PREMIÈRE

LYSIAS, LYSANDRE

Ils entrent en scène de côtés opposés, en s'appuyant sur de
hauts bâtons cerclés d'or.

LYSIAS, *apercevant Lysandre.*

Lysandre!...

LYSANDRE

Lysias!

ENSEMBLE, *l'un à l'autre.*

Avec toi soient les Dieux!

LYSIAS, *avec satisfaction.*

Nous voilà!

LYSANDRE, *de même.*

Nous voilà!

LYSIAS

Dès le matin joyeux,
Tous deux, sur l'Agora, nous arrivons ensemble...

LYSANDRE

Même, nous arrivons les premiers, il me semble.

LYSIAS

Les premiers! C'est ainsi dans toute occasion.

LYSANDRE

Il faut entretenir sa réputation.

LYSIAS

Lysandre et Lysias, les deux incomparables!

LYSANDRE

Lysandre et Lysias, les deux inséparables,

LYSIAS

Qui pensant, tous les deux, de la même façon,

LYSANDRE

Font de leur existence un charmant unisson!

LYSIAS

Même élégance!

LYSANDRE

Egal souci de la plastique!

LYSIAS

Mêmes opinions, en art, en politique;

LYSANDRE

Ensemble approbateurs ou désapprobateurs;

LYSIAS

Des mêmes créanciers tous les deux débiteurs.

LYSANDRE

Et tous les deux ayant aussi mêmes maîtresses,
Pour ne point séparer leurs communes tendresses.

LYSIAS

Au Céramique, aux bains, aux gymnases vantés,
Qui donc aperçoit-on, tout d'abord, aux côtés
Des philosophes, des troublantes hétaïres
Qu'on renomme pour leur sagesse ou leurs sourires?

LYSANDRE

C'est Lysias et c'est Lysandre, tous les deux.

LYSIAS

Il ne se passe rien dans Athènes sans eux.
Lysandre et Lysias, les deux incomparables,
A toute fête sont les deux indispensables;
Où l'on doit se montrer, on les y voit toujours;
La vie athénienne en eux rythme son cours.

LYSANDRE

...Il s'agit aujourd'hui de choses assez graves :
Le dernier jour du mois, jour de vente d'esclaves,
Dans Athène est toujours grande solennité.

LYSIAS

Tout ce qui porte un nom illustre en la cité
Viendra s'y faire voir et dépenser des sommes...

LYSANDRE

C'est pourquoi nous d'abord, ensemble, nous y sommes !

LYSIAS

Nous y sommes !... avant que l'on ait commencé.

LYSANDRE

La vente sera belle, aujourd'hui, je le sai :
Un des plus gros marchands qui fournissent Athènes...

LYSIAS

Pannonios ?...

LYSANDRE

        Lui-même... En ses courses lointaines
Ce vieux pirate fait toujours un bon butin ;
Or il paraît qu'il va nous offrir, ce matin,
Tout un choix merveilleux de jeunes aulétrides.

LYSIAS

Aux enchères alors ne soyons pas timides !

LYSANDRE

Aux prix éblouissants montrons-nous décidés !

LYSIAS, après une courte hésitation.

... Le malheur est que, cette nuit, au jeu de dés,

Le Destin envers moi s'est montré lâche et traître :
Dix talents, que j'ai vus tour à tour disparaître !...

LYSANDRE

Dix talents !... j'ai perdu la même somme aussi !

LYSIAS

Même sans une drachme, à présent, me voici...

LYSANDRE

O le touchant accord réglant notre conduite !
De ma dernière drachme aussi j'ai vu la fuite.

ENSEMBLE, *en s'efforçant de rire.*

Ah ! ah ! nous voilà bien !

LYSIAS

        Oui, nous rions encor ;
Mais non moins que touchant, il est fâcheux l'accord !

LYSANDRE

Très fâcheux !

LYSIAS

        Je n'avais que cet espoir suprême :
Celui de t'emprunter quelque argent...

LYSANDRE

                Et moi-même,
D'espoir en toi je consolais mon dénûment.

LYSIAS

Par Hermès !

LYSANDRE

Par Hermès!

LYSIAS

C'est charmant!

LYSANDRE

C'est charmant!

LYSIAS

A qui donc allons-nous emprunter?

LYSANDRE

J'allais faire
Pareille question...

LYSIAS

La chose nécessaire
C'est surtout d'y fournir réponse...

LYSANDRE

Tu dis bien.

LYSIAS

Je cherche en vain... Et toi?

LYSANDRE

Moi, je ne trouve rien.

LYSIAS

Cela n'est pas assez!

LYSANDRE

Oui, c'est trop peu, sans doute.

LYSIAS

Je sens dans mon cerveau la complète déroute.

LYSANDRE

Le mien n'est plus qu'un champ stérile, en ce moment.

LYSIAS, *s'asseyant sur une borne.*

C'est la fatigue de la nuit.

LYSANDRE, *s'asseyant sur une autre borne.*

Assurément !

LYSIAS, *se tâtant les reins*

Consécutivement, voilà plus d'une fête...

LYSANDRE, *se tâtant le front.*

Le manque de sommeil donne mal à la tête ;

LYSIAS, *bâillant.*

A la longue,...

LYSANDRE, *bâillant aussi.*

A la fin,...

LYSIAS

On n'est plus assez fort ;

LYSANDRE

On faiblit...

LYSIAS

A la longue,...

LYSANDRE

A la fin,...

ENSEMBLE

On s'endort.

(Ils ferment les yeux, vaincus par le sommeil. Un léger temps. Tout à coup, ils sont réveillés par les claquements de fouet de Pannonios, qui entre avec ses esclaves et les masse dans le fond de la scène.)

LYSIAS, *sursautant.*

Hein!... Qu'est cela?... Debout!

LYSANDRE, *se levant précipitamment.*

Debout!... Montrons-nous braves!...

LYSIAS

Voici Pannonios qui range ses esclaves !

SCÈNE II

LYSIAS, LYSANDRE, PANNONIOS
LES ESCLAVES

PANNONIOS, *s'inclinant devant Lysias et Lysandre.*

Salut, beaux jeunes gens d'Athène !

LYSIAS, *bas, à Lysandre, en reprenant courage.*

              On ne voit pas
Notre détresse...

LYSANDRE, *bas, à Lysias.*

Non ! Il s'incline trop bas.

PANNONIOS

.Par Héra ! vous prouvez que la belle jeunesse
Ne fait pas tort, comme on le dit, à la sagesse :
Etre là les premiers, calcul des plus adroits !
Car la vente, aujourd'hui, sera chaude...

LYSIAS et LYSANDRE, *affectant une moue un peu dédaigneuse.*

              Tu crois ?...

PANNONIOS

D'un regard honorez plutôt mon étalage !
Je me suis ruiné, dans mon dernier voyage,
Pour vous plaire... Admirez !... Certe, il n'est pas besoin
De dire que le rang du fond ne vous sied point ;
C'est le troisième rang, — lot pour vous méprisable !...
...Le deuxième est déjà beaucoup plus estimable ;...

Mais ce n'est pas cela qu'il vous faut, je le sais.
Donc, sur le premier rang tenez les yeux fixés !
Ceux-là me font honneur, vous m'en rendrez justice.
Sachez qu'ils n'ont jamais été mis en service,
Point important !... D'ailleurs vos esprits réfléchis
Observent que de craie ils ont les pieds blanchis,
— Signe qu'ils n'ont jamais été vendus encore —
Et qu'on les garantit vierges comme l'Aurore,
Foi de Pannonios !

LYSIAS et LYSANDRE

C'est tout dire !...

PANNONIOS

                            Aussi bien,
Je vous laisse choisir... et je n'ajoute rien.

LYSIAS, *bas, à Lysandre, en lui désignant l'une des esclaves.*

Si de mes dix talents il restait quelque chose,
Je n'hésiterais pas...

LYSANDRE

Ni moi...

PANNONIOS

                       C'est, je suppose,
La petite Eucharis qui fait briller vos yeux :
Une perle ravie à l'Olympe des Dieux !
Vous vous y connaissez !... J'ai plaisir à vous vendre,
Si bien que je ne sais contre vous me défendre :
Pour vingt mines je vous la cède...

LYSIAS

                 C'est un prix !

PANNONIOS, *levant les bras au ciel.*

Par Hermès! oses-tu te plaindre?... Non ! tu ris?
Vingt mines, n'est-ce pas, l'affaire est décidée?...

LYSANDRE, *bas, à Lysias.*

Ah ! si je les avais !...

LYSIAS

J'ai du moins une idée :
Retournons près de notre habituel prêteur,
Hyperbolos...

LYSANDRE

L'usurier, le délateur,
L'homme de tous métiers...

LYSIAS

C'est vrai, mais c'est notre homme.

LYSANDRE

Déjà nous lui devons une très forte somme...

LYSIAS

Tentons toujours !

LYSANDRE

Tentons !

LYSIAS

Sans doute, il n'est pas loin...

LYSANDRE

Là, dans quelque taverne...
(Ils vont pour sortir. Pannonios les retient.)

PANNONIOS

        Allons ! ne partez point !
Dix-neuf mines... C'est un vrai présent, je l'atteste.

LYSIAS

Nous en reparlerons...

LYSANDRE

Oui, plus tard...

PANNONIOS

        S'il en reste !...
Tant pis pour vous ! plus tard ce n'est pas assez tôt.

LYSIAS et LYSANDRE

Cherchons notre homme !
(Au moment où ils vont quitter la scène entrent les deux jeunes courtisanes Nicarette et Myrto, qui les accaparent.)

LYSIAS et LYSANDRE

Bon ! Nicarette et Myrto !

SCÈNE III

LYSIAS, LYSANDRE, NICARETTE, MYRTO

NICARETTE, *cramponnée au bras de Lysias.*

Ah ! ce cher Lysias !

MYRTO, *serrée contre Lysandre.*

Voilà ce cher Lysandre !

LYSIAS et LYSANDRE, *à part.*

Nous sommes pris !

NICARETTE, *à Lysias.*

Comment ! pour moi pas un mot tendre ?

MYRTO, *à Lysandre.*

C'est tout ce que tu dis ?...

LYSIAS et LYSANDRE

Mais...

MYRTO, *à Lysandre, câline.*

Ecoute, allons voir
Les esclaves !... Je veux un grand eunuque noir...

NICARETTE, *à Lysias, même jeu.*

Offre un eunuque à ta petite Nicarette !

LYSIAS et LYSANDRE

Mais...

NICARETTE

Au gosier, chacun avez-vous une arête ?
« Mais »... et c'est tout ?

MYRTO

« Mais », « Mais »... et puis vous restez courts !

NICARETTE, faisant mine de lâcher le bras de Lysias, mais sans
l'abandonner pourtant.

Si nous vous ennuyons...

MYRTO, même jeu.

Dites-le, sans détours.

LYSIAS et LYSANDRE

Non ; mais...

LYSIAS, à Nicarette.

Je suis surpris...

LYSANDRE, à Myrto.

Ta demande m'étonne...

LYSIAS

Je te sais, déjà, pour ta petite personne,
Trois eunuques...

NICARETTE

Hélas ! cela n'est pas assez !
Trois eunuques : c'était bon dans les temps passés ;
Aujourd'hui, c'est le lot d'une pallaque infime.

MYRTO, *à Lysandre.*

Dans Athènes, bien cher, j'ai conquis trop d'estime
Pour avoir seulement trois eunuques...
> *(Tout en parlant, elles ont emmené Lysias et Lysandre à proxi-
> mité du marchand d'esclaves.)*

NICARETTE, *désignant à Lysias un eunuque.*

                              Vois-tu
Ce gros là-bas, avec un front court et têtu...
Il est flatteur...

MYRTO, *désignant à Lysandre un autre eunuque.*

              Celui qui balance la tête
Comme un porc en marchant... Oh ! comme il a l'air bête !
J'en raffole...   .

NICARETTE

A cette heure, on fera des prix doux.

MYRTO

Et puis cela n'est pas une affaire pour vous !

NICARETTE, *à Lysias.*

Sois gentil, Lysias ! je saurai te le rendre.

MYRTO, *à Lysandre.*

En montrant mon nouvel eunuque : « C'est Lysandre »,
M'écrierai-je...

LYSANDRE

    Hein !

MYRTO

C'est lui qui m'en fait présent !

NICARETTE, *à Lysias.*

Cet eunuque toujours va te rendre présent
A ma mémoire...

NICARETTE et MYRTO

Allons, faisons vite l'emplette !

LYSANDRE, *après avoir échangé un coup d'œil avec Lysias.*

Écoute-moi, Myrto !...

LYSIAS

Écoute, Nicarette !...

LYSANDRE

Vous nous faites appel ; — c'est une attention
Délicate ; — et croyez qu'en toute occasion
Notre bourse pour vos besoins est disponible...

LYSIAS

Aujourd'hui, cependant — ah ! quel aveu pénible ! —
Le jeu nous a laissés plus tondus qu'un rocher...
Et n'ayant plus d'argent...

TOUS LES DEUX

Nous allons en chercher.
(Ils se détachent de leurs compagnes.)

NICARETTE

Misérables !... voilà les hommes !... Misérables !

MYRTO

Essayez donc pour eux de vous montrer aimables !

NICARETTE

Ah ! ce sont des honneurs et des frais superflus !

MYRTO

C'est bon ! c'est bon, partez !

NICARETTE

On ne vous retient plus !
(*Lysandre et Lysias s'échappent.*)

MYRTO

Il en est d'autres, moins grotesques, moins stupides !

NICARETTE

Allez-vous-en, oisons déplumés !!...

MYRTO

Bourses vides !!...

SCÈNE IV

NICARETTE, MYRTO

NICARETTE

C'est notre chance à nous !... Lysias est pourtant
Fils d'un père qui fait un commerce important :
Il trafique des vins de l'Attique et des îles.

MYRTO

Et Lysandre est le fils d'un père dans les huiles.

NICARETTE

Les huiles et les vins,... que peut-on trouver mieux ?

MYRTO

Que font-ils de l'argent de leurs pères, grands dieux ?

NICARETTE

Ils se le font piper au jeu — beau couple d'ânes ! —
Au lieu de le porter aux belles courtisanes.

MYRTO

Ceux-là, quand ils seront intelligents !

NICARETTE

                         Vois-tu,
Je regrette parfois les sentiers de vertu
Où nous marchions, là-bas, dans nos îles lointaines...

MYRTO

Il n'est plus que des gens ruinés dans Athènes !
Jamais le sexe laid ne m'a paru si laid !

NICARETTE

Un seul, Alcibiade, est un homme complet.

MYRTO, *avec enthousiasme.*

Ah ! celui-là ! c'est autre chose !!... j'imagine
Qu'il n'est pas homme, il est de la race divine !

NICARETTE

C'est un dieu, tu l'as dit, c'est un dieu.

MYRTO

                              N'a-t-il point,
A lui seul, tout ce dont les autres ont besoin ?

NICARETTE

Tout se résume en lui : beauté, bonheur, courage
Et prodigalité ! — Si bien qu'à son passage,
Rien qu'en voyant traîner son pallium vainqueur,
On sent une fierté qui fait bondir le cœur.

MYRTO

Mais Timandra l'a pris... Crois-tu qu'elle est heureuse

NICARETTE

C'est une bonne amie et franche et généreuse ;
Tant mieux pour elle !

MYRTO

                    Elle est digne de son amant.
   (*Rumeurs joyeuses au dehors.*)

NICARETTE

Quel est ce bruit ?... Par Aphrodite ! justement
Il arrive sur l'Agora, le beau stratège.

MYRTO

Mais de bien tristes gens composent son cortège :
Des parasites, des poètes loqueteux,
Qui n'ont pas seulement trente drachmes entre eux.

SCÈNE V

LES PRÉCÉDENTES, ALCIBIADE, EUPHONÈS, ARIPHRON,
PHÉRÉCRATE

et tout un cortège de Poètes, de Philosophes et d'Hétaïres.

*Alcibiade, couronné de violettes, des cigales d'or dans les cheveux,
laissant traîner son pallium, entre à moitié porté par ceux qui
l'entourent. Il sourit d'abord, amusé par leurs propos; mais
bientôt il cherche, un peu mollement, à échapper à leurs louan-
ges trop pressantes.*

ALCIBIADE

Par Zeus Olympien! trêve de flatteries!...
J'ai fort apprécié vos harangues fleuries;
Croyez qu'elles ont eu leur résultat certain,
Car tous vous serez mes convives, ce matin...
Vous consentirez bien à me suivre à Phalère?...

EUPHONÈS

Où tu veux! Notre seul désir est de te plaire
Et de montrer combien nous savons te chérir.

ALCIBIADE

Que vous êtes vraiment commodes à nourrir!

ARIPHRON

Chaque jour, tu nous émerveilles davantage;
Mon admiration en reste sans langage.

ALCIBIADE

Eh bien! cela vaut mieux! ne dis plus rien!

ARIPHRON

Pourtant
Daigne me renseigner sur un point!... On prétend
Que tu vas envoyer aux luttes olympiques
Quelques chars attelés de chevaux magnifiques.

ALCIBIADE

Oui; j'enverrai sept chars.

ARIPHRON, *avec admiration, en se retournant vers les autres.*

Sept chars! entendez-vous?

ALCIBIADE

Avec trente chevaux.

EUPHONÈS

Les rois seront jaloux;
Ils vont sentir au front pâlir le diadème...

PHÉRÉCRATE

Et qui les guidera, tes chevaux?

ALCIBIADE

C'est moi-même.

PHÉRÉCRATE

Voilà le gage sûr que tu seras vainqueur.

EUPHONÈS

Chacun de tes amis fait ce vœu dans son cœur.

ALCIBIADE

Je veux gagner les trois victoires principales.

ARIPHRON

Alors le monde entier sera sous tes sandales :
Les trois prix principaux par le même cueillis
Comptent dans les exploits encore inaccomplis ;
Nul n'a pu réussir cette triple victoire.

ALCIBIADE, *noblement.*

Et c'est bien pour cela que j'en rêve la gloire.
Mais le but, ce n'est point ma propre vanité ;
Mon triomphe sera celui de la Cité.
Athènes de ses fils doit toujours être fière
Et demeurer sur ses rivales la première ;
Or les jeux d'Olympie, aux yeux des étrangers,
Ne sont pas seulement amusements légers :
Notre suprématie y triomphe ou succombe ;
— C'est pourquoi je promets à Zeus une hécatombe
De cent taureaux, s'il veut couronner mon effort.

TOUS

O générosité sublime ! !

ALCIBIADE

       Et j'offre encor
Cent hiérodules pour le temple d'Aphrodite.

ARIPHRON, *avec assurance.*

Tu vaincras !

EUPHONÈS, *emphatique.*

       Oui, ton front, où le génie habite,
Sera ceint, par trois fois, du laurier triomphal ;
Le Sénat, de nos Dieux te proclamant l'égal,
Devra te décerner le nom d' « Olympionique »
Et nous, nous chanterons, sur le mode héroïque,
Une ode, qui fera ton triomphe immortel !

ALCIBIADE

Non ! à votre amitié si je puis faire appel,
Abstenez-vous d'une ode à mon retour d'Élide !

PHÉRÉCRATE

Cependant, il la faut !

ALCIBIADE

                D'accord ! Mais Euripide
Me l'a déjà promise ; — or, après lui, j'ai peur
Que l'on ne juge pas la vôtre à sa valeur.

EUPHONÈS

Avec lui n'est-il point permis d'entrer en lutte ?

ALCIBIADE

Non ! Allons voir, là-bas, les joueuses de flûte !

NICARETTE et MYRTO, *riant de la déconfiture des poètes.*

Ah ! ah ! ah ! ah ! ah ! ah !

ARIPHRON

            De nous qui rit ainsi ?

ALCIBIADE, *se retournant.*

Nicarette et Myrto !
                (*Il les embrasse.*)
                Je vous emmène aussi !
(*Ils remontent tous gaîment du côté du marché d'esclaves. —
Hyperbolos entre et regarde s'éloigner Alcibiade avec une
expression d'envie et de haine.*)

SCÈNE VI

HYPERBOLOS, LYSIAS, LYSANDRE

HYPERBOLOS, *avec un geste de menace du côté d'Alcibiade.*

Toujours lui ! Plus grandit sa faveur populaire,
Plus je sens contre lui s'accroître ma colère !
(*Lysandre et Lysias entrent à ce moment.*)

LYSANDRE et LYSIAS

Hyperbolos !... Enfin !!
(*Ils l'abordent.*)

HYPERBOLOS

Salut, aimables fous !

LYSANDRE et LYSIAS

Nous te cherchions.

HYPERBOLOS

Ah ! ah !... Et que puis-je pour vous ?...
Avez-vous en projet quelque fête galante
Où je devrai fournir les lampes ?... Je me vante
De les fournir aux prix les plus avantageux ;
— Comme j'ai toujours fait, du reste, pour vous deux ;
Vous le reconnaîtrez.

LYSANDRE et LYSIAS

Volontiers !...

HYPERBOLOS
                    Ma boutique
Des illustrations d'Athène a la pratique ;
Sa réputation vient de mon grand aïeul ;
Ce sont des choses dont on peut tirer orgueil.

LYSANDRE

Sans doute, mais...

HYPERBOLOS, *faisant sa voix discrète.*

            Il faut vous éclairer peut-être
D'autre façon ?... Très bien !... Que voulez-vous connaître ?
Je vois tout, j'entends tout, je sais tout... Nul secret
Ne m'échappe... et je suis, quand il le faut, discret.

LYSIAS

Grand merci !... mais...

HYPERBOLOS

            Allons ! quittez cet air timide !
Est-ce une plébéienne, ou bien une eupatride
Celle dont vous voulez conquérir les faveurs ?...
Les épouses, parfois, ont certaines pudeurs ;
Mais de leur genre de vertu j'ai fait l'étude...

LYSANDRE

En affaires d'amour, nous avons l'habitude
D'agir seuls....

LYSIAS

            Et d'user de nos propres moyens.

HYPERBOLOS, *piqué.*

Vous en avez le droit... A votre aise !... Mais tiens !

J'y songe... Il s'agit bien de vaines amourettes !
Vous venez simplement pour me payer vos dettes.

LYSIAS

Hum !

LYSANDRE

C'est un peu cela sans doute...

LYSANDRE et LYSIAS, *ensemble.*

Seulement...

HYPERBOLOS

Seulement ?

LYSIAS

Seulement... tous deux... en ce moment...

LYSANDRE, *saisissant son courage à deux mains.*

Ecoute !... sois gentil !... nous venons te soumettre
Une combinaison...

HYPERBOLOS

Ah ! par Hermès, mon maître !
Ne suis-je donc, dans votre esprit, qu'un pauvre oison ?
Vous m'apportez toujours quelque combinaison
Et c'est tout !... A la fin, je voudrais autre chose.

LYSANDRE, *le prenant sous le bras.*

Examine avec soin ce que l'on te propose
Et tu n'y perdras rien, comme les autres fois.
Combien te devons-nous ?...

HYPERBOLOS

                    Toi, Lysandre, tu dois
Cent mines. Lysias me doit somme pareille.

LYSIAS, *enchanté.*

Toujours le même accord !

HYPERBOLOS, *grimace contraire.*

En effet !

LYSANDRE et LYSIAS

                    A merveille !

HYPERBOLOS

Je suis moins satisfait que vous ; — mais poursuivez !
Comment me paierez-vous ce que vous me devez ?

LYSANDRE

C'est très simple : à chacun tu vas prêter encore
Cent mines, — contre quoi...

HYPERBOLOS, *les repoussant.*

                    Prenez de l'ellébore !
(Levant les bras au ciel.)
Cent mines !... Justes Dieux ! Avez-vous entendu ?
Cent mines !... Non, vraiment, il ont l'esprit perdu.
Jusqu'où donc veulent-ils exploiter mon cœur tendre ?...

LYSANDRE

Attends !...

HYPERBOLOS

Mais je ne fais que cela, vous attendre,

Hélas !... Et moi, c'est la ruine qui m'attend.
Pour mon commerce, j'ai besoin d'argent comptant.

LYSANDRE

Aussi, le mois prochain...

HYPERBOLOS

> Je connais vos promesses...

LYSANDRE

Nous te restituerons au double tes largesses.

HYPERBOLOS, semblant réfléchir.

Au double, avez-vous dit ?

LYSIAS

> Dans un mois, jour pour jour,
Nous te rembourserons... C'est un délai très court.

LYSANDRE et LYSIAS, ensemble.

Tu consens ?...

HYPERBOLOS, énergiquement.

Je refuse.

LYSANDRE et LYSIAS

> Hé quoi !...

HYPERBOLOS

> Pas une obole !

LYSANDRE

Voyons ! Ce n'est pas là ta dernière parole ?

HYPERBOLOS

La dernière, mes beaux emprunteurs, la voici :
Hyperbolos n'a pas d'argent à perdre ainsi ;
Et puis Hyperbolos est un homme de tête ;
S'il avait de l'argent, il n'est pas assez bête
Pour qu'à ses ennemis il fasse des présents.

LYSANDRE et LYSIAS

Comment cela ?

HYPERBOLOS

      Tous deux, vous êtes courtisans
D'Alcibiade ?...

LYSIAS et LYSANDRE

   Eh bien ?

HYPERBOLOS

        Eh bien ! c'est chose infâme
Que ce vil libertin, paré comme une femme
Et dont tout le génie est d'être un effronté,
Soit votre idole, au point que vous mettez fierté
A l'imiter servilement jusqu'en ses vices !...
Après quoi, vous venez quémander mes services !
Adieu !... Mille regrets !... je ne puis rien pour vous
Que vous encourager à n'être point si fous.

LYSIAS et LYSANDRE, *rebiffés.*

Nous cherchons de l'argent et non des remontrances !

2.

HYPERBOLOS

Prenez toujours !... Ceci n'accroît pas vos créances.

LYSANDRE, *changeant de ton, insinuant.*

Allons, Hyperbolos, ne fais pas le méchant !
Tu sais bien que mon père est un riche marchand
Et qu'il a dix vaisseaux. Pèse ces garanties !
Et tes craintes seront bien vite anéanties.

LYSIAS

Mon père a dix vaisseaux aussi.

HYPERBOLOS, *railleur.*

Comme le sien !

LYSIAS

C'est assez rassurant, quand on réfléchit bien.

HYPERBOLOS

Ouais ! pour les prendre, on éblouit les alouettes...
Vos pères m'ont-ils dit qu'ils me paieraient vos dettes ?...
— Ah ! tenez ! vous avez de la chance !... Toujours
Je finis par rester dupe de vos discours...
De mes bontés pour vous où donc sera le terme ?...
J'ai beau me raisonner, me jurer d'être ferme,
Inutile !... Pour vous obliger je suis né
Et dans moins de six mois vous m'aurez ruiné !
Enfin !... Résignons-nous au Destin !... Soyons braves !...
Que vous faut-il, voyons ?... Quelques belles esclaves ?
Cela même !.., Admirez comme je vous comprends !

LYSANDRE

Mon cher Hyperbolos, nos besoins sont moins grands :
Une nous suffira.

HYPERBOLOS

Tant mieux ! tant mieux ! Laquelle ?...

LYSIAS

Là, chez Pannonios, regarde !... la plus belle !

HYPERBOLOS

La qualité vaut plus cher que la quantité.
Pannonios connaît le prix de la beauté.
— D'autant que la petite est joueuse de flûte, —
Les amateurs vont faire une terrible lutte.
Cela va nous coûter beaucoup, beaucoup d'argent,
Hélas !... et je frémis d'avance en y songeant...
Vous riez ?... Oui, je fais les frais de la bataille,
C'est très drôle !... très drôle !... Enfin, vaille que vaille,
Je m'en vais acheter la charmante...

LYSANDRE et LYSIAS

Eucharis !

HYPERBOLOS

Je vous la revendrai ; mais en plus de son prix,
Je veux vingt mines, pour mes petits bénéfices.

LYSANDRE et LYSIAS

Seulement !

HYPERBOLOS

Seulement. Moi, je n'ai pas de vices
Et sais me contenter en gagnant peu.

LYSANDRE et LYSIAS, *à part.*

Vieux chien !

HYPERBOLOS

Si ça ne vous va pas?...
(Il fait mine de s'en aller.)

LYSANDRE et LYSIAS

Non ! non ! ça va très bien !

HYPERBOLOS

Précisons le marché ! Nous disons donc vingt mines
Pour chacun.

LYSANDRE

Pour chacun !

LYSIAS

Mais tu nous assassines !

HYPERBOLOS

Ah ! vous reconnaissez ainsi mon dévouement !
Eh bien, donc !... j'aime mieux m'en aller...

LYSIAS, *le retenant par un bras.*

Un moment !

LYSANDRE, *le retenant par un autre.*

Tu ne nous laisses pas réfléchir.

HYPERBOLOS

Le temps presse,

Faites vite !... je suis honteux de ma faiblesse...
Vingt mines pour chacun de vous.

LYSANDRE et LYSIAS

C'est entendu !

HYPERBOLOS

Tout ce que vous devez devra m'être rendu
Dans un mois...

LYSANDRE et LYSIAS, *approuvant.*

Dans un mois.

HYPERBOLOS

Ou bien à l'échéance,
Si vous ne payez pas, je double la créance.

LYSANDRE et LYSIAS

Fais comme tu voudras !

HYPERBOLOS

Ah ! je sens que j'ai tort,
Je me perds... mais c'est dit !... Allons signer l'accord !
(*Ils entrent dans la taverne.*)

SCÈNE VII

ALCIBIADE, MYRRHINE, une Esclave

Alcibiade descend, conduit par une esclave, qui l'entraîne à l'écart.

L'ESCLAVE

Noble stratège, un mot... Myrrhine, ma maîtresse...
> *(Elle lui parle bas, en désignant la litière de Myrrhine, qui*
> *vient de s'arrêter. Alcibiade court à la litière ; Myrrhine en*
> *entr'ouvre les rideaux.)*

MYRRHINE

Alcibiade, hélas ! combien tu me délaisse !

ALCIBIADE

Je ne t'avais pas vue, ô Myrrhine, pardon !
Mais pourquoi ce reproche injuste d'abandon ?

MYRRHINE

Toujours on te rencontre en compagnie étrange...

ALCIBIADE

Oui, sur mes vrais amours cela donne le change ;
On me voit avec l'une, avec l'autre, et de nous
Se détournent ainsi les regards des jaloux ;
Sous mes airs libertins notre secret s'abrite.

MYRRHINE

Avec quel art tu tiens un discours hypocrite !
Faut-il que je sois faible et lâche de savoir

Ton mensonge et pourtant de ne pas t'en vouloir
Et de fouler aux pieds les remords, les scrupules !

ALCIBIADE

Les remords !... ô Myrrhine, ils seraient ridicules !
Car envers qui peux-tu conserver des remords ?...
Ton époux ?... C'est de lui que viennent tous les torts.

MYRRHINE

Ah ! cette fois, tu ne mens pas.

ALCIBIABE

                    Je le méprise.
Auprès de tes cheveux si blonds, sa tête grise,
Quelle honte !... il ne peut t'offrir que son dédain...
Et ce vieillard est fourbe autant qu'il est vilain ;
Pour cacher sa laideur, il prend un masque austère...
Tes remords, justes dieux ! bien vite fais les taire !
Je t'expliquerai mieux, du reste, tout cela,
Si tu viens visiter la petite villa
Que je viens de louer à côté du Portique.
Je dis qu'elle est pour mes travaux de politique ;
Mais pour t'y recevoir, Myrrhine, tout est prêt
Et c'est un nid charmant... Là, comme on s'aimerait !
Demain, veux-tu, demain !

MYRRHINE

                Non ! non ! par Aphrodite !

ALCIBIADE

Mettons après-demain.

MYRRHINE

Oh ! que tu consens vite
A ce retard !... eh bien ! je te cède : demain.

ALCIBIADE

Pour signer notre accord, un baiser sur ta main.
A demain donc !

MYRRHINE

Demain... à la quatrième heure.

ALCIBIADE

Si je ne t'aime pas, Myrrhine, que je meure !
*(Il lui fait de tendres adieux. La litière de Myrrhine quitte la
scène. En se retournant, Alcibiade aperçoit Timandra.)*
Timandra, ma maîtresse !...

SCÈNE VIII

ALCIBIADE, TIMANDRA

TIMANDRA, *brusquement.*

Avec qui causais-tu ?

ALCIBIADE

Avec l'épouse noble et pleine de vertu
D'un Aréopagite !

TIMANDRA

Et cette digne femme
Te disait ?...

ALCIBIADE

Ton regard est beau, rempli de flamme.

TIMANDRA

Vous aviez assez l'air de parler en secret.

ALCIBIADE

Deviendrais-tu jalouse?...

TIMANDRA

Et quand cela serait?

ALCIBIADE

Ce serait trop, allons !

TIMANDRA

Oui, trop d'honneur, sans doute !
Je t'aime trop... Mais si j'embarrasse ta route,
Je m'en écarterai... je suis prête... C'est bien !
Le lien qui m'attache à toi n'est qu'un lien
Qu'on peut rompre... Chacun où son plaisir l'appelle !

ALCIBIADE

Par Athéna ! Que veut dire cette querelle ?
Ta nature est fougueuse, ô Timandra, je sais ;
Elle me plaît ainsi ; mais évite l'excès !

TIMANDRA

Je suis franche.

ALCIBIADE

Vertu que j'apprécie encore !

3

TIMANDRA

Parle donc franchement !

ALCIBIADE

              Volontiers !... Quand l'aurore
A glissé son sourire en ton lit parfumé
Où la douceur d'Erôs me tenait enfermé,
J'ai dû te quitter, — mais par devoir de stratège,
Car il faut bien qu'Arès comme Erôs me protège. —
Or, tout fier, assoupli par notre nuit d'amour,
J'ai conduit mes soldats au stade d'alentour
Et m'y suis enivré de manœuvres guerrières :
Les armes renvoyaient de mouvantes lumières
Aux clartés que Phobos-Apollon éployait
Et l'Ouranos, l'Aither, le sol, tout flamboyait !
Sous les pas des chevaux faisant trembler la plaine,
Une poussière d'or montait ; et leur haleine
Soufflait aussi des brumes d'or et des rayons ;
Des fanfares sonnaient parmi ces tourbillons ;
De sorte qu'au milieu d'un nuage de gloire,
A la Cité j'ai fait un réveil de victoire !...
— Puis, qu'ai-je fait encor?... Par les bains j'ai passé,
J'ai discuté philosophie... et j'ai lancé
Le disque... et j'ai lutté contre quelques athlètes...
Et j'ai subi les dithyrambes de poètes,
Parasites fameux, dont nul ne m'a quitté
Avant de se savoir à ma table invité...
Donc, trois heures au plus, loin de toi dépensées
Et je reviens ici, n'ayant d'autres pensées
Que de te découvrir quelque nouveau présent...
Et tu te plains !... Allons, Timandra, c'est plaisant !
Car seule aurait droit de se montrer jalouse
Hipparète, ma pauvre et légitime épouse,
Qui ne m'a pas revu depuis plus de huit jours !

TIMANDRA

Que vient faire Hipparète, à la fin du discours ?
Et que de mots, grands Dieux !... tu n'en es pas avare, —
Ni de ton or, non plus, c'est vrai... — je te déclare
Et le plus éloquent et le plus généreux !
Mais de moins que cela mon cœur serait heureux.

ALCIBIADE

Ne te trompes-tu pas ?

TIMANDRA

Fais trêve aux ironies !
Mon dévouement pour toi c'est toi seul qui le nies.

ALCIBIADE

De grands mots, toi non plus, chère, tu n'as pas peur !

TIMANDRA

Alcibiade, hélas ! que tu sais mal mon cœur !
Va, ce n'est pas celui d'une vaine hétaïre ;
Si le malheur frappait mon amant, je puis dire
Qu'il me verrait fidèle en le mauvais destin.

ALCIBIADE

Timandra, te voilà bien triste, ce matin !
Sur mon destin il n'est point de fatal présage,
Bien au contraire !

TIMANDRA

Un peu de méfiance est sage ;
Plus on grandit et plus naissent les envieux.

ALCIBIADE

Eh ! qu'importe !... pour moi, tout va de mieux en mieux

J'ai pris la tête du parti démocratique
Et c'est un merveilleux succès de politique :
Eupatrides et plébéiens me sont soumis.

TIMANDRA

Nicias n'est-il point parmi tes ennemis ?...

ALCIBIADE

Sans doute !... il est le chef de l'aristocratie !
Mais je suis renseigné sur son impéritie ;
D'ailleurs, il s'est privé de toute autorité
Avec son avarice et son austérité.

TIMANDRA

Je le craindrais pourtant ; — car il a pris pour arme
La Calomnie.

ALCIBIADE

Eh bien ! je n'en ai nulle alarme.
*(A ce moment, Hyperbolos sort de la taverne avec Lysias et
Lysandre. Il a la face congestionnée par un peu d'ivresse.)*

TIMANDRA

Vois-tu l'homme qui vient, en titubant, ici,
Comme s'il était pris de vin...

ALCIBIADE

Il l'est aussi,
N'en doute pas !... Hyperbolos est toujours ivre.

TIMANDRA

Ah ! que le vin l'assomme et de lui te délivre !
Nicias en a fait un agent contre toi ;
Et l'homme te salit partout.

ALCIBIADE

C'est son emploi ;
Il est de ceux que nous appelons sycophantes.

TIMANDRA

Des coquins, mais qui sont dangereux !

ALCIBIADE

Tu les vantes.
Ils sont inoffensifs, parce qu'on les connaît.
Ce misérable Hyperbolos n'est qu'un benêt :
Marchand de lampes,... c'est le métier qu'il exerce...
Mais tout le monde sait que son réel commerce
Est d'être usurier, entremetteur, agent
De quiconque l'achète avec un peu d'argent.
A force de hurler près de la populace,
Du corroyeur Cléon il prétend à la place ;
Il se croit démagogue,... il n'est qu'un forcené
Et son rêve d'orgueil imbécile est mort-né.
Tu lui fais trop d'honneur avec ton épouvante :
Alcibiade n'a pas peur d'un sycophante !...
... Prends-moi dans ta litière, à ton côté, veux-tu ?
Afin de ranimer ton courage abattu,
Nous irons respirer l'air marin à Phalère ;
J'inaugure, aujourd'hui, ma nouvelle galère ;
Elle est en bois d'acacia, la poupe en or, —
Les avirons garnis d'ivoire ; — à chaque bord
Se rangent vingt rameurs éthiopiens, solides ;
Mais j'ai besoin d'un plus grand nombre d'aulétrides,
Allons les acheter !...

*(Il est monté dans la litière ; il donne l'ordre aux porteurs de
se diriger vers le marché d'esclaves. On le voit encore en
scène pendant la scène IXe.)*

SCÈNE IX

LES PRÉCÉDENTS, HYPERBOLOS, LYSANDRE, LYSIAS.

HYPERBOLOS, *aux jeunes gens, en leur montrant Alcibiade.*

    Ainsi donc, c'est promis,
Cet homme, désormais, n'est plus de vos amis
Et vous le blâmerez en toute circonstance.
Dans la convention c'est un point d'importance ;
N'allez pas l'oublier, mes petits, ou sinon...
Mais je n'insiste pas, vous comprenez, c'est bon !
D'ailleurs le discrédit attend Alcibiade,
On s'aperçoit qu'il n'est qu'un homme de parade :
Au lieu de se grandir, il se perd chaque jour ;
Bientôt vous allez voir se disperser sa cour.
Si vous voulez une amitié plus opportune,
N'hésitez plus : attachez-vous à ma fortune !

LYSANDRE

Oh ! nous y sommes très attachés, vois-tu bien...

LYSIAS

Ah ! certes, ta fortune, est la nôtre,... on y tient.

HYPERBOLOS, *avec emphase, comme s'il allait commencer
un grand discours.*

Sachez qu'elle pourrait prendre un essor immense...

LYSIAS et LYSANDRE, *lui coupant la parole.*

Viens ! allons voir, d'abord, si la vente commence !
(*Ils l'entraînent vers l'étalage de Pannonios.*)

RIDEAU

Fin de l'acte premier.

ACTE DEUXIÈME

ACTE DEUXIÈME

Même décor. — L'étalage des esclaves de Pannonios occupe une assez grande partie de la scène, en biais.

SCÈNE PREMIÈRE

PANNONIOS, LA FOULE, *puis* HYPERBOLOS,
AGATHARQUE

Au début de l'acte, on entend une musique bizarre et bruyante, où se distinguent particulièrement les tambourins et les cymbales. C'est Pannonios qui attire la foule devant son étalage d'esclaves.

PANNONIOS, *d'un ton de boniment.*

Approchez ! approchez ! et vous serez contents !
Athéniens, je suis connu depuis longtemps :
Jamais, vous le savez, je n'ai trompé personne ;
Ma renommée avec un pur éclat rayonne !
— Certes, Pannonios n'est qu'un simple vendeur
D'esclaves ; — mais il a, tout comme un sénateur,
Sa fierté. Donc la mienne est mon expérience ;
La mienne est que de tous j'obtiens la confiance ;
S'il est ici quelqu'un qui par moi fut leurré,
Qu'il fasse un geste, un signe ! et je lui céderai
Toute la cargaison merveilleuse et choisie
Qu'à travers les dangers je rapporte d'Asie.
Mais nul de vous ne bouge ; et c'est, en vérité,
Le gage sûr de ma constante probité.

3.

Après cet unanime et touchant témoignage,
Il n'est donc pas besoin de fleurs de beau langage.
Approchez ! approchez ! et régalez vos yeux !
Nul marchand, nul marchand ne peut vous offrir mieux !

    (La foule augmente et se resserre.)

Avant de procéder à la vente publique,
Nous allons faire un peu de danse et de musique.
Devant vous vont passer en groupes enchanteurs
Mes acrobates, mes danseuses, mes lutteurs...

    *(Claquements de fouet. Pannonios fait sortir du groupe de ses
esclaves Eucharis et quelques danseuses.)*

Voici, pour commencer, les danseuses de Thrace
Et la danse bacchique !...

    *(Les musiciens préludent. Pannonios fait agrandir le cercle de
la foule, qui s'est rapprochée, curieuse.)*

                Allons ! un peu de place !

(Les danses s'exécutent pendant qu'Eucharis déclame.)

EUCHARIS

Evohé !... Bacchos est venu,
Le fils de Zeus, aux tresses blondes !
La terre, aux entrailles fécondes,
Frémit sous un souffle inconnu...
Evohé ! Bacchos est venu !

LES BACCHANTES

Evohé !...

EUCHARIS

Un grand cri remplit les vallées :
Délirantes, échevelées,
Les bacchantes suivent le Dieu ;
A leurs lèvres, le rire sonne ;

Le désir, en leurs seins, frissonne,
Leurs corps sont des roses de feu.

LES BACCHANTES

Evohé !...

EUCHARIS

Au son des cymbales stridentes,
Secouant des torches ardentes
Et levant les thyrses vainqueurs,
Leur ronde lubrique tournoie...
O toi, qui vas cherchant la joie,
Accours te mêler à leurs chœurs !

LES BACCHANTES

Evohé !...

EUCHARIS

Viens baiser leurs bouches humides,
Arrache à leurs flancs les nébrides
Et possède-les sous le ciel !...
Gloire à toi, si leur chant t'inspire !
Ton cœur sera la grande lyre
Qui redit l'hymne universel...

LES BACCHANTES

Evohé !...

EUCHARIS

Mais honte à toi si ta faiblesse
Te condamne à fuir leur caresse !
— Leur dieu fier n'aime que les forts. —
Tes dédains leur sont des injures ;

Avec de cruelles tortures
Elles déchireront ton corps.

LLS BACCHANTES

Evohé !...

EUCHARIS

Evohé !... Bacchos est venu,
Le fils de Zeus, aux tresses blondes !
La terre, aux entrailles fécondes,
Frémit sous un souffle inconnu...
Evohé !... Bacchos est venu !...

LES BACCHANTES

Evohé !!...
(Applaudissements de la foule. Pannonios remercie du geste.)

PLUSIEURS VOIX, *avec enthousiasme.*

Eucharis !... Eucharis !... A combien Eucharis ?

PANNONIOS

Eucharis !... ah ! ah ! ah !... je n'en suis pas surpris !
Sa grâce est sans pareille et sa voix sans rivale...
Soit ! je consens... à la demande générale. .
Prenez mon Eucharis !
(Bruit de tambourins et de cymbales.)

UNE VOIX

Dix mines !

PANNONIOS

> Par les dieux !
> Celui qui parle porte un bandeau sur les yeux ;
> Il est aveugle,... il faut le plaindre, le pauvre homme !

UNE AUTRE VOIX

Quinze mines !

PANNONIOS

> Encore une bien faible somme !

UNE AUTRE VOIX

Vingt !

UNE AUTRE VOIX

> Vingt et un !

UNE AUTRE VOIX

> Vingt-cinq !

PANNONIOS

> Allons ! allons ! poussez !

UNE AUTRE VOIX

Trente mines !

PANNONIOS

> C'est mieux ; mais ce n'est pas assez !

AGATHARQUE

Trente-cinq !

PANNONIOS

Ah ! voici les clients qu'on remarque !
Salut au grand artiste, au sculpteur Agatharque !...
Ses modèles toujours il les rencontre ici.

HYPERBOLOS, *entrant en coup de vent.*

Quarante !

PANNONIOS

Hyperbolos ! je te salue aussi.

AGATHARQUE

Hyperbolos ! oh ! oh ! tes lampes, il faut croire,
Se vendent bien.

HYPERBOLOS

Pas mal ! A défaut de ta gloiré,
J'ai les petits profits de mon commerce.

AGATHARQUE

Eh bien !
Je ne te cède pas ; cette esclave, j'y tien ;
D'après elle, je veux faire ma Terpsichore...
Quarante-deux !

HYPERBOLOS

Tant pis ! moi j'y tiens plus encore :
Quarante-trois !

AGATHARQUE

Allons ! que l'art reste vainqueur :
Cinquante mines !

PANNONIOS

Bien parlé !... c'est d'un grand cœur !
Cinquante mines !... soit !... c'est un chiffre qui sonne...
(D'une voix plus forte, en détaillant :)
Cinquante mines !... cinq mille drachmes !... Personne
Ne met plus ?... Une fois,... deux fois...

HYPERBOLOS

Dernier effort !
Je dis cinquante-deux !

UNE VOIX

Je dis un talent d'or !
*(Murmures d'admiration de la foule, qui se retourne et recon-
naît Alcibiade.)*

SCÈNE II

LES PRÉCÉDENTS, ALCIBIADE, TIMANDRA

Alcibiade est en litière avec Timandra.

PANNONIOS, *exultant.*

Un talent d'or !... Voilà !! C'est ainsi qu'on s'exprime !
Prenez modèle, Athéniens, sur le sublime
Alcibiade !
*(Nouveaux murmures d'admiration. Pannonios s'adresse
directement à Alcibiade.)*
A toi la victoire revient,
A toi, comme toujours ! et c'est juste ! et c'est bien !

On eut raison de t'appeler le Magnifique!...
Adjugé la plus belle au plus noble!

(Se tournant vers ses musiciens.)

Musique!

(Bruit frénétique de tambourins. La foule crie : « Vive Alcibiade ! »)

ALCIBIADE, se tournant vers Agatharque.

Cher Agatharque, va, ne te désole point !
D'Eucharis, je le sais, ton génie a besoin ;
C'est pour toi que j'en fis l'achat — je te la donne —
Rends immortelle, ami, sa beauté qui rayonne,
Et nous partagerons l'orgueil d'avoir doté
D'un chef-d'œuvre de plus notre illustre cité.

AGATHARQUE

Athéniens, qui donc ne rendrait pas hommage
A cet homme ? Il reçut tous les dons en partage,
Tout ce qu'il accomplit est généreux et beau !

*(Il l'embrasse ; la foule applaudit et fait une nouvelle ovation
à Alcibiade. Hyperbolos a jusqu'alors contenu sa rancune ;
maintenant elle va faire explosion.)*

HYPERBOLOS, avec une ironie méchante.

O noblesse ! ô grandeur ! ô prodige nouveau !
Alcibiade, il sied que l'on te félicite :
Nul mieux que toi n'entend l'art de la réussite.
Certe, il est d'un utile emploi ton talent d'or,
Car à ta renommée il va rendre l'essor :
On oubliait déjà ton chien de Laconie
Dont tu coupas la queue avec tant de génie !
Demain, que feras-tu pour nous émerveiller ?...

TIMANDRA

C'est ta langue, demain, qu'il va faire tailler.

ALCIBIADE

Laisse donc, Timandra ! Sa colère m'amuse !
C'est le bouffon de l'Agora !

HYPERBOLOS

          Non ! tu t'abuse !
Au titre de bouffon toi seul conquis le droit :
Dans notre République, un homme s'est fait roi ;
Roi barbouillé de fard, roi couronné de roses,
Payant, pour la rançon de ses apothéoses,
Une cour de flatteurs grotesques et honteux :
Libertins hébétés, poètes loqueteux,
Paresseux qui mouraient de faim sous les portiques,
Escortés d'un troupeau de filles impudiques ;
Et tous ces courtisans l'adorent comme un Dieu,
Dont l'Olympe nouveau serait au mauvais lieu.
— Oui, voilà le bouffon... et voilà son cortège !
On rit ; — puis on frémit : car cet homme est stratège
Et nous savons qu'il veut monter plus haut encor,
Hissé sur le pavois de son bouclier d'or ;
A son ambition pour asservir Athènes,
Il cherche à l'entraîner dans des guerres lointaines.
Il se dit : — « Je l'aurai, si je reviens vainqueur ;
« Elle me donnera, dans un élan, son cœur ;
« Ou bien, pour mettre fin à ma bouffonnerie,
« Si je reste vaincu, je vendrai ma patrie ! »

VOIX DE LA FOULE

Assez ! Assez !... C'est toi le traître et l'imposteur

HYPERBOLOS

Je proteste...

AUTRES VOIX

Tais-toi ! tais-toi ! diffamateur !
Sycophante !!

AUTRE VOIX

Un seul mot, et j'arrache ta langue !

ALCIBIADE

Mes amis, Nicias a payé la harangue,
Laissez-le donc parler ! Qu'il gagne son argent !
Son éloquence vaut un geste encourageant.
Moi-même, Hyperbolos, j'y vais de mon obole.

*(Il jette de l'or à Hyperbolos. La foule applaudit encore et
éclate de rire. Quelques-uns jettent aussi à Hyperbolos des
pièces de monnaie.)*

HYPERBOLOS, *au comble de la fureur.*

Applaudis ! applaudis, peuple vain et frivole
Qui possède des yeux et qui ne veut pas voir !
Insulte, raille-moi !... Je ferai mon devoir.
Plus tu seras ingrat, plus je serai tenace
A te crier : — « Prends garde ! un danger te menace !
« Pendant qu'Athènes, comme une pallaque, rit
« Aux bras du libertin éhonté qui la prit,
« Sa rivale, là-bas, aux rires tend l'oreille ;
« Sparte, la vertueuse, attentive, surveille
« La marche de l'orgie ; elle attend le moment
« Où nous serons couchés dans notre enivrement
« Et Sparte, n'étant point de plaisirs corrompue,
« Viendra, comme un chacal, sur la morte repue...

« Oui, peuple athénien, ce peuple te vaincra ;
« Dans l'une de tes nuits de fête, il surgira ;
« Puis, t'ayant égorgé sur les lits de luxure,
« Dans la flamme, il fera crouler ta ville impure ! »
> *(Une immense indignation soulève la foule, qui menace Hyper-*
> *bolos.)*

VOIX DE LA FOULE

Infamie ! — Ah ! c'est trop ! — Qu'on le lapide ! — A mort !!
> *(Quelques pierres viennent tomber aux pieds d'Hyperbolos. La*
> *foule veut se précipiter sur lui. Alcibiade arrête ce mouve-*
> *ment.)*

ALCIBIADE

Du calme, Athéniens !... Tout excès est un tort.

LA FOULE

Sa bouche a blasphémé !

ALCIBIADE

Laissez-moi lui répondre !

LA FOULE

Non ! non ! A mort !... A mort !!

ALCIBIADE

Il vaut mieux le confondre.

LA FOULE

Nous sommes las de nous laisser injurier !
Qu'on le lapide !
> *(Nouvelle grêle de pierres. La foule se précipite de nouveau,*
> *avec plus de force, sur Hyperbolos.)*

ALCIBIADE, *couvrant courageusement Hyperbolos.*

Alors, frappez-moi le premier!
(*La foule hésite, puis se retire lentement.*)

Allons, Athéniens, il serait dérisoire
D'être émus — ce serait lui donner de la gloire —
Devant tant de sottise et de mauvaise foi,
Je n'éprouve que du mépris ; imitez-moi !
Je suis un débauché — dit-il — bien pauvre injure !
Thémistocle, héros dont la gloire est si pure,
Longtemps resta flétri du nom de débauché,
Parce qu'au Céramique on l'avait vu couché
Dans un char fastueux, que traînaient ses maîtresses
Toutes nues. Pourtant, dans les pires détresses,
Lorsque Xerxès, rué sur nous, partout vainqueur,
La Grèce avait le glaive asiatique au cœur,
Celui qu'on accusait d'une âme libertine
Fut le sauveur de la Patrie,... à Salamine !

(*Applaudissements.*)

Je paie — ajoute-t-il — une cour de flatteurs...
Soit ! Pour les rehausser, je manquais d'insulteurs ;
Eh bien ! j'engage Hyperbolos dans mon cortège ;
Derrière ma litière ou mon char de stratège,
Ce chien, aux aboiements furieux, fera bien :
Il me rendra fameux, mieux que mon autre chien.

(*Rires.*)

En somme, Hyperbolos n'accroît pas ma dépense,
Puisque mes ennemis soldent son éloquence.

(*Nouveaux rires.*)

Donc, qu'il m'insulte !... moi, mais non pas la Cité,
Ou sinon il sera publiquement fouetté.

(*Vives approbations joyeuses.*)

D'ailleurs, qu'il sache bien qu'il y perd sa salive !
Athènes peut braver sa tonnante invective.

Qui donc convaincra-t-il, même en hurlant plus fort,
Que nous sommes déchus et près de notre mort,
A l'heure où, défiant toutes les calomnies,
La ville est un foyer de radieux génies,
Lorsqu'elle se grandit dans un essor nouveau,
En échauffant sa force à son amour du Beau?
... La grandeur Spartiate ! — ô langage stupide —
Sparte a-t-elle un Sophocle?... A-t-elle un Euripide?...
A-t-elle un Phidias?... A-t-elle un Parthénon?...
... La vertu ! — Nul ne sait dans Athènes son nom,
C'est vrai; — mais nous, du moins, nous avons la sagesse;
L'égide de Pallas sur la ville se dresse
Et Socrate, qui parle avec tant de clarté,
Dit : « La Sagesse est dans l'amour de la Beauté. »
— Oui, c'est l'amour du Beau qui toujours nous anime ;
Pour nous, c'est la Laideur seule qui fait le crime ;
Et la Laideur, elle est dans l'âme des jaloux,
Des louches intrigants, qui jettent entre nous
La discorde et qui vont salissant le mérite,
Parce que la grandeur les blesse et les irrite.
— Mais ceux-là, bien qu'ils soient grouillants entre nos pas,
En regardant en haut, nous ne les voyons pas ;
Plus ils soulèvent à nos pieds de la poussière,
Plus nous tenons nos fronts levés vers la lumière ;
Alors, au lieu de leurs propos injurieux,
A travers l'Ouranos, nous entendons les Dieux.

Et les Dieux chantent : « Gloire à la ville si belle !
          « Gloire aux amants de la Beauté !
          « Athène est la ville éternelle ;
          « Nous-mêmes nous veillons sur elle,
          « Car Athène est notre cité.

          « Athène est la ville divine ;
          « Nous avons, sur chaque colline,

« Un temple clair et radieux.
     « Athène est la ville divine ;
« Un peuple de héros y fait accueil aux Dieux.

     « Autant que belle, elle est puissante :
« Sourire de l'Hellas, elle est aussi son cœur ;
     « Toujours sa force est renaissante ;
« Le barbare jamais n'en deviendra vainqueur.

« Qu'elle vive sereine en sa gloire féconde !
     « Les autres cités crouleront ;
« Mais d'immortalité nous couronnons son front ;
     « Athène est le flambeau du monde. »

LA FOULE, *débordant d'enthousiasme.*

Bien dit !... Louange à toi !!...
     (*Longues acclamations.*)

ALCIBIADE

         Louange à notre ville !
Haine au mensonge ! Haine à cette espèce vile
Des sycophantes, des fourbes, des ténébreux !
Et gardons confiance en l'avenir heureux !...
...Et maintenant, amis, nous allons à Phalère...
A ceux qui le voudront, place sur ma galère !
Bercés par des chanteurs et des musiciens,
Nous voguerons au gré des vents étésiens.

LA FOULE

Nous ne te quittons pas !... Nous te faisons escorte !
     (*Alcibiade remonte en litière, à côté de Timandra. Une sorte
     de cortège se forme à ses côtés ; il fera le tour de l'Agora
     et reparaîtra à la scène finale.*)

SCÈNE III

HYPERBOLOS, *seul.*

O flots, engloutissez le vaisseau qui le porte !
Voilà mes vœux... Ah ! ah ! tu me crois accablé !
Tu crois que tout est dit, ô bel écervelé !
C'est me connaître mal ; — et c'est ignorer l'âme
De la foule. — Oui, c'est toi qu'en ce jour elle acclame ;
Mais la foule est plus inconstante en son amour
Qu'une hétaïre : auprès d'elle, j'aurai mon tour
Et ma vengeance, pour ce moment, sera prête.
> (*Il se retourne et aperçoit une femme qui descend de litière,
> paraissant chercher quelqu'un.*)

Cette femme qui vient ici,... c'est Hipparète.
C'est l'épouse d'Alcibiade !... Attention !
Sachons mettre à profit la bonne occasion !
Hipparète, c'est une épouse délaissée :
On pourrait exploiter sa tendresse blessée ;
Car je songe à ceci : pour être généreux,
Magnifique, sublime et toujours amoureux,
Cela coûte très cher ; à de telles largesses
D'un satrape d'Asie il faudrait les richesses,
Si bien qu'Alcibiade, à force d'être aimé,
N'est plus rien aujourd'hui qu'un oiseau déplumé.
Et comment paye-t-il tous les frais de la fête ?
C'est bien simple : il se sert de la dot d'Hipparète.
— Mais si dans un accès de juste emportement,
L'épouse réclamait le divorce ? Charmant !
Du même coup, c'est la ruine, la débâcle
Et, par nécessité, changement de spectacle !

Plus d'admiration, plus d'encens, plus de fleurs !
Mais tous les courtisans transformés en railleurs ;
Puis de la raillerie on passe à la colère.
L'homme, en vain, se débat ; il a cessé de plaire ;
Il s'effondre encor mieux, voulant se soutenir ;
Et ce n'est plus qu'un jeu de le faire bannir !

SCÈNE IV

HYPERBOLOS, HIPPARÈTE

HYPERBOLOS, *s'avançant résolument vers Hipparète.*

Hipparète, salut !... Cherches-tu le stratège,
Ton époux ?... Tiens !... regarde !... il forme son cortége.

HIPPARÈTE

Où va-t-il ?...

HYPERBOLOS

       Il emmène... à Phalère, je crois,
Des chanteuses et des courtisanes... Oh ! vois
Comme avec grâce en sa litière il s'abandonne,
Pendant que Timandra de roses le couronne !

HIPPARÈTE

Ah ! certes, le spectacle a de quoi me charmer !
(Bruits d'acclamations au dehors.)

HYPERBOLOS

On l'acclame... je cours, moi-même, l'acclamer.

HIPPARÈTE

Va donc! va! tu manquais à ce spectacle iufâme.

HYPERBOLOS, *s'arrêtant.*

Mais...

HIPPARÈTE

Quoi! tu vois souffrir ma tendresse de femme
Et tu railles, au lieu de plaindre mon tourment!
Va!... demain les railleurs se tairont brusquement;
Je saurai me venger.

HYPERBOLOS, *à part.*

Nous y voilà!
(*Haut, très hypocrite.*)
Sans doute,
Oui,... je le reconnais,... j'oubliais qui m'écoute.
Pardonne!... sans songer, je suivais le courant...
Mais, toi, l'épouse,... il est vrai,... c'est bien différent!
On ne peut te blâmer, lorsque tu te propose...

HIPPARÈTE

Le divorce, c'est résolu!

HYPERBOLOS

Très grave chose!
Mais comment protester?... C'est ton droit; c'est ton droit.

HIPPARÈTE

Ma requête dans les mains de l'Archonte-roi
Trouvera bon accueil; public est le scandale
Et l'infidélité de mon époux s'étale :

4

D'hétaïres partout il passe environné.
Trop souvent déjà, trop souvent j'ai pardonné.

HYPERBOLOS

Oh! les pallaques, ce n'est rien!

HIPPARÈTE

          Que veux-tu dire?

HYPERBOLOS

L'épouse à son époux pardonne une hétaïre,
Les mœurs d'Athènes sont très larges sur ce point.
Ce que les mœurs, ce que les lois n'excusent point
Mais punissent aussi sévèrement qu'un crime,
C'est de prendre au prochain sa femme légitime.

HIPPARÈTE, *indignée.*

Alcibiade est-il dans un semblable cas?

HYPERBOLOS

Ah! qu'ai-je dit?... Comment! tu ne le savais pas?

HIPPARÈTE

Non! mais apprends-moi tout !

HYPERBOLOS

          Il siérait mieux peut-être
De me taire...

HIPPARÈTE

      Trop tard! je veux, je veux connaître

HYPERBOLOS

Eh bien! soit! nous aurons un plus long entretien...
Laissons passer le beau cortège!...

> (*Il cache Hipparète derrière un arbre, où il se dissimule lui-
> même. Le cortège d'Alcibiade repasse sur la scène et défile
> au son des lyres et des flûtes. Puis Hyperbolos tend le poing
> vers la litière d'Alcibiade et, avec une joie haineuse, il
> s'écrie :)*

Je te tien!

RIDEAU

Fin de l'acte deuxième.

ACTE TROISIÈME

4.

ACTE TROISIÈME

*Même décor. — La villa d'Alcibiade est du côté opposé à la
taverne, soit au fond, soit au deuxième plan.*

SCÈNE PREMIÈRE

Hommes et Femmes du Peuple, Xanthias

*Au lever du rideau, la foule est massée autour de Xanthias, qui
semble achever de joyeuses confidences. Les auditeurs éclatent de
rire à plusieurs reprises.*

LES HOMMES

Ah ! ah ! ah ! la bonne histoire !
Faut-il la croire ?

LES FEMMES

Ah ! ah ! c'est délicieux !
Aux mimes de Bacchos on ne rirait pas mieux.

HOMMES et FEMMES

A l'avance, je me régale
De ce joli petit scandale,
Car il est bien
Athénien !
Ah ! ah ! ah ! la bonne histoire !
Ah ! ah !

XANTHIAS

Vous pouvez me croire :
Cela n'est nullement un récit inventé ;
Sur mon honneur, j'ai dit la pure vérité :
Le beau stratège Alcibiade, tout à l'heure,
Aura, là, dans cette demeure,
Le plus galant des rendez-vous...

(Il désigne une maison au coin de la place.)

HOMMES et FEMMES, *d'un ton pressant.*

Avec ? avec ? avec ?

XANTHIAS

Oh ! pour cela, mystère !...
Une belle eupatride... Il convient de me taire...
Vous l'apprendrez plus tard... Mais sachez que l'époux,
Prévenu de ce qui s'apprête,
Lui-même va venir interrompre la fête.

HOMMES et FEMMES

Ah ! ah ! c'est délicieux !
Aux mimes de Bacchos on ne rirait pas mieux !
La confidence
Est d'importance !
Cher Xanthias, merci !. . Cher Xanthias, merci !

XANTHIAS

Oui, mais ne restez pas ici !
Les amoureux de la foule prennent ombrage ;
En vous voyant les épier,
D'un piège ils vont se méfier...
Si **tout** allait manquer, cela serait dommage !

Eloignez-vous un peu de temps !
Revenez dans une heure... et vous serez contents !

HOMMES et FEMMES

Il a raison : ne donnons pas ombrage !
Si tout allait manquer, cela serait dommage.
  (*La foule se disperse en répétant :*)
Ah ! ah ! c'est délicieux !
Aux mimes de Bacchos on ne rirait pas mieux !
Ah ! ah ! ah ! ah ! ah ! ah !

SCÈNE II

XANTHIAS, HYPERBOLOS

XANTHIAS, *se frottant les mains.*

Voilà qui va très bien !

HYPERBOLOS, *qui vient d'entrer.*

Oui, je te félicite !
Tout me fait présager la pleine réussite !
J'ai, dans mon Xanthias, un esclave zélé.

XANTHIAS

Offre-moi donc, alors — je ne l'ai pas volé ! —
Un flacon de vieux vin !... La chaleur est extrême
Et la soif me dessèche...

HYPERBOLOS

Oui, j'ai très soif moi-même.
(Ils s'attablent devant la taverne ; on leur apporte du vin et des coupes.)

XANTHIAS, *buvant.*

Ce vin se laisse boire...

HYPERBOLOS

Il est assez plaisant.
(Après avoir reposé sa coupe.)
Ainsi de ton côté, tout est satisfaisant ?

XANTHIAS

C'est un succès considérable qui s'apprête.

HYPERBOLOS

Tu n'as pas oublié d'aviser Hipparète ?

XANTHIAS

Certes, non ! Sa fureur était sublime à voir :
« — C'est bien, — a-t-elle dit, — je ferai mon devoir,
« Je viendrai constater ce spectacle de honte
« Et puis je porterai ma requête à l'Archonte. »

HYPERBOLOS

Parfait ! parfait !

XANTHIAS

À ta santé !

HYPERBOLOS

A ta santé !

(Ils boivent de nouveau.)

XANTHIAS

Ce vin, décidément, est bon !

HYPERBOLOS

De mon côté,
Une inspiration heureuse m'est venue.

XANTHIAS

Je n'en suis pas surpris : ta sagesse est connue.

HYPERBOLOS

Du rendez-vous j'ai fait prévenir Timandra.

XANTHIAS

On va rire...

HYPERBOLOS

Surtout ce qui l'irritera
C'est d'avoir une femme honnête pour rivale.

XANTHIAS

Elle n'aura point tort ; c'est de la déloyale
Concurrence, ou plutôt de l'accaparement.
A chacun son métier, par Zeus !

HYPERBOLOS

Précisément !

L'affront à Timandra, dans cette circonstance,
S'agrandit ; il acquiert une extrême importance ;
Il atteint toutes ses pareilles ; .. question
De principe à défendre,... intense émotion, ..
Fureurs,... débats,... partout rumeur indéfinie...

XANTHIAS

Admirable !... Il convient de boire à ton génie !
  (Il boit de nouveau.)

HYPERBOLOS, *modeste.*

Génie !... oh ! oh ! crois-tu ?... Mais enfin, je conviens
Qu'Hyperbolos n'est pas dépourvu de moyens
Dans l'art de diriger l'opinion publique.

XANTHIAS, *déjà un peu gris, se levant et tendant sa coupe.*

Hyperbolos est un vrai maître en politique.
  (Il boit.)

HYPERBOLOS

Le divorce d'Alcibiade étant certain,
Notre homme est ruiné, son prestige est éteint ;
Aux Cinq-Cents j'ai déjà présenté ma requête :
  (Avec un grand geste de tribune.)
Je requiers l'ostracisme.
    (Avec un rire satisfait.)
     Hein ! Quelle belle fête !...

XANTHIAS

Ah ! vraiment, je suis fier d'être ton serviteur !
  (Il boit de nouveau.)

HYPERBOLOS, *emphatique.*

Moi, laissant de côté tout compliment flatteur,
Je songe, avec orgueil, qu'en créant l'embuscade
Où je vais faire choir le bel Alcibiade,
J'agis en patriote ardent, qui veut le bien
Et la grandeur de son pays !...

XANTHIAS, *éclatant de rire et manquant de s'étrangler en buvant.*

Pffftt !...

HYPERBOLOS

Qu'as-tu ?

XANTHIAS

Rien !

Je m'étrangle...

HYPERBOLOS, *un peu sévère.*

Tu bois un peu trop...
(*Il veut lui retirer le flacon.*)

XANTHIAS, *le serrant contre lui.*

Je proteste !

Laisse-moi ce flacon, que j'en vide le reste,
(*Singeant Hyperbolos.*)
Pour boire à la grandeur de mon pays !

HYPERBOLOS, *précipitamment.*

Tais-toi !

Une femme !... Ce voile épais,... cet air d'émoi...

5

C'est elle, j'en suis sûr !... Vois, tantôt elle hésite,
C'est la pudeur ;... tantôt elle se précipite,
C'est l'amour !... Cachons-nous ! ne l'intimidons pas !
  (Ils rentrent dans la taverne.)

SCÈNE III

MYRRHINE, *seule.*

Personne !... la place est déserte...
    (Elle avance, puis s'arrête, effrayée.)
        Un bruit de pas ?...
Non ! ce n'est rien... Courage ! à cette heure brûlante,
Athènes fait la sieste...
  (Elle marche encore quelques pas, puis s'arrête de nouveau.)
       Oh ! que je suis tremblante !
Fais-je bien ?... fais-je mal ?... Bah ! regrets superflus !
N'est-ce pas là mon droit, quand mon époux n'est plus
Qu'une vigne jaunie après vendange faite,
D'accepter qu'un ami dont la vigne est en fête...
Non ! non ! je sens mon front de rougeur se couvrir...
  (Avec une résolution brusque.)
Par Eros ! ce n'est plus l'heure de discourir !
Voici la porte !... Entrons !
  (Elle ouvre et disparaît dans la villa.)

SCÈNE IV

HYPERBOLOS, XANTHIAS

*Ils sortent de la taverne. Hyperbolos est débordant d'enthousiasme
; joyeux ; Xanthias a la mine inquiète et déconfite.*

HYPERBOLOS

C'est un vrai coup de maître !
Malgré son voile épais j'ai pu la reconnaître :
Celle que nous tenons au piège, sais-tu bien,
Xanthias, ce n'est pas une femme de rien,
C'est Myrrhine ! L'époux est Aréopagite !
Ah ! je n'espérais point pareille réussite !
(Il rit, à gorge déployée.)
Ah ! ah ! ah ! ah ! ah ! ah !

XANTHIAS, *secouant la tête, avec méfiance.*

Ça te fait rire, toi ?

HYPERBOLOS

Certes !

XANTHIAS

Je ne suis pas aussi joyeux.

HYPERBOLOS

Pourquoi ?
Tu ne comprends donc pas le beau de l'aventure ?
-Elle atteint un grand nom de la Magistrature ;

Le scandale est doublé, centuplé ! Dès demain,
L'aréopage tout entier prend dans sa main
Une cause dont un des siens est la victime ;
Le bel Alcibiade est convaincu de crime
Et d'Athènes banni pour haute trahison.

XANTHIAS

Ou bien demain c'est nous qu'on envoie en prison.

HYPERBOLOS, *un peu troublé.*

En prison !... que dis-tu ?...

XANTHIAS

          Je dis qu'il n'est pas sage
D'entrer dans quelque affaire avec l'aréopage.
Quand du mari trompé grondera le courroux,
Sommes-nous assurés d'être à l'abri des coups ?

HYPERBOLOS

Il ne peut nous avoir que de la gratitude...

XANTHIAS

Tu connais mieux le cœur des hommes, d'habitude :
Pour la reconnaissance, on est souvent leurré...
Mais j'ai promis de te servir, je le ferai,
Même s'il faut risquer qu'on me condamne aux mines !

HYPERBOLOS

Dans le cas de succès, je te devrai dix mines,
Je l'ai dit ; — mais je suis, d'avance, si content
Que, d'avance, je t'en remets moitié comptant.

XANTHIAS, *prenant l'argent.*

Si tu crois que je dois accepter cette somme,
Je l'accepte... et je suis entièrement ton homme.
Après tout, tu dis vrai : pour nous, point de danger.

HYPERBOLOS

Mais sans doute !... Au travail !... Il faut nous partager
La besogne : — pour toi, tu vas garder la belle ;
Moi, je cours annoncer au mari la nouvelle
Et le ramène ici pour qu'il constate bien
Que sa disgrâce est vraie... et qu'il n'y manque rien !
Fais bonne garde !

XANTHIAS

    Va ! je connais mon affaire !
Compte sur moi !

HYPERBOLOS

  Très bien !
(*Il sort avec une précipitation joyeuse.*)

SCÈNE V

XANTHIAS, *seul,* puis TIMANDRA

XANTHIAS

     Je m'en vais au contraire,
Sans retard, la tirer du traquenard affreux.
Oh ! oh ! ne jouons pas à des jeux dangereux !

A fréquenter de trop près la magistrature
On éprouve souvent de la déconfiture ;
Plus prudent est celui qui sait s'en tenir loin ;
Je me sens mal à l'aise auprès d'elle, — à ce point
Que le vin de Samos, si léger d'habitude,
M'est devenu sur l'estomac pesant et rude.
Faisons sortir Myrrhine ! Advienne que pourra !
Du moins les sénateurs... Ah ! trop tard ! Timandra !

> *(Timandra entre précipitamment, d'un air irrité ; elle se dirige*
> *vers la villa d'Alcibiade.)*

Mais je puis l'empêcher d'atteindre cette porte...

> *(Il se porte au-devant d'elle.)*

Un seul mot, Timandra !

> *(Timandra l'écarte ; mais il lui barre de nouveau la route.)*

Rien qu'un mot !

TIMANDRA, *le repoussant.*

Que m'importe

XANTHIAS, *même jeu.*

Je venais pour...

TIMANDRA, *le bousculant.*

Je n'ai pas le temps de causer.

XANTHIAS, *tenace.*

Hyperbolos m'envoie afin de t'aviser...

TIMANDRA, *s'arrêtant.*

Hyperbolos ?

XANTHIAS

C'est mon maitre ; daigne m'entendre !
Affaire urgente !... à l'instant même il vient d'apprendre
Qu'en raison...
        (*Il cherche ses mots.*)
            D'un concours d'événements... fortuit,
Le galant rendez-vous... n'est plus pour aujourd'hui.

TIMANDRA

Que dis-tu ?

XANTHIAS, *à part.*

Je la tiens.

TIMANDRA, *impatienté.*

Parle ! allons ! je t'écoute...
Tu ne vas pas rester sans t'expliquer ?

XANTHIAS

Sans doute...
Mais ici l'on est mal, l'endroit n'est pas très sûr
Pour des secrets... et puis le soleil tape dur !
Entrons dans la taverne !

TIMANDRA

Entrons ! soit !
        (*Tout en obéissant à Xanthias, qui la pousse doucement vers la
        taverne.*)
                        C'est étrange !
Le rendez-vous remis ?

XANTHIAS, *la poussant toujours.*

Oui... oui... tout se dérange...

(Timandra s'assied à l'extérieur de la taverne, sous une char-
mille. A ce moment, Xanthias se retourne et aperçoit Myr-
rhine qui apparaît sur la porte de la villa. Elle regarde à
droite et à gauche, comme une personne lasse d'attendre
quelqu'un qui ne vient pas.)

XANTHIAS, *à part, avec effroi.*

Ah ! Myrrhine !... Myrrhine au seuil de la villa !
Grands Dieux ! si Timandra la voit...

TIMANDRA, *avec une impatience croissante.*

Eh bien ?

XANTHIAS, *balbutiant.*

Voilà !
Mais pénétrons plus loin sous cette fraîche arcade !
(Il veut l'entraîner ; elle résiste.)

TIMANDRA

Non ! non ! l'on est très bien ici.

XANTHIAS, *à part.*

J'en suis malade.
(Il s'assied de façon à masquer Myrrhine à Timandra.)
Pourvu que Timandra ne se retourne pas !
Puis, que lui dire ?

TIMANDRA, *exaspérée.*

Eh bien ?

XANTHIAS, *balbutiant de plus en plus.*

Eh bien !... voici le cas...

*(Pendant qu'il semble lui raconter quelque chose, Myrrhine
quitte la villa et descend un peu en scène.)*

SCÈNE VI

LES Précédents, MYRRHINE

MYRRHINE

Il ne vient pas !... De son retard quelle est la cause ?
Faut-il croire qu'il est survenu quelque chose ?
Subirais-je déjà son infidélité ?
Ah ! cet homme !... En tout cas, ma propre dignité
De ne point demeurer plus longtemps me commande...
  (Elle va pour partir, puis se ravise.)
Pourtant...
  (Elle remonte un peu, mais redescend aussitôt.)
Non ! il n'est plus possible que j'attende !
  (Vivement, dans un éclair d'espoir.)
N'est-ce pas lui là-bas ?... Hélas ! je me trompais...

TIMANDRA, *qui s'est levée et regarde attentivement Myrrhine,
à travers les branches de la charmille.*

Quelle est donc cette femme avec ce voile épais !...

XANTHIAS, *s'efforçant de la faire rasseoir.*

Laisse donc !... viens ici !... qu'importe cette femme ?

MYRRHINE, *résolument.*

Décidément, je pars !

TIMANDRA, *sortant de la tonnelle, vivement.*

N'est-ce pas mon infâme
Rivale ?...
(Elle veut aller plus loin, Xanthias la retient.)

XANTHIAS

Que fais-tu ?

TIMANDRA, *se débattant.*

Par Zeus ! je veux savoir..

XANTHIAS

Mais non ! non ! ce n'est pas elle...

TIMANDRA, *se dégageant et s'échappant.*

Je vais bien voir.
(Elle s'avance vers Myrrhine, qui, effrayée, hâte le pas.)
Oh ! oh ! comme elle a peur de moi, la tourterelle !
*(Elle s'avance encore ; Myrrhine, de plus en plus effrayée, prend
la fuite en courant.)*
Regarde !... elle se sauve !... ah ! je cours après elle !
(Elle se lance à la poursuite de Myrrhine.)

XANTHIAS, *s'essoufflant derrière Timandra, pour l'arrêter.*

Timandra !... Timandra !...

TIMANDRA, *ramenant en scène Myrrhine.*

> La voici!... je la tien...

(Myrrhine semble plus morte que vive. Timandra l'apostrophe ironiquement.)

Accorde-moi, ma chère, un instant d'entretien.
Quelle est cette villa, d'où tu sors en cachette?
Dis?... Tu ne daignes pas répondre?... Es-tu muette?
Ce sont ces voiles qui te gênent pour parler;
C'est assez de mystère! il faut te dévoiler!

(Elle lui arrache ses voiles.)

Myrrhine!!..., ah! ah! ah! ah! l'épouse légitime
D'un aréopagite!... Oh! spectacle sublime.
Une femme dont tous respectent la vertu!
C'est ma rivale à moi!!.. Pourquoi donc trembles-tu?
Dans ta rivalité montre au moins le mérite
Du courage! Renonce à cet air hypocrite!
Sois fière! brave-moi!...

(Voyant Myrrhine qui chancelle.)

> Ce n'est pas le moment

De feindre devant nous l'évanouissement.

XANTHIAS, *recevant Myrrhine dans ses bras.*

Mais c'est pour tout de bon qu'elle perd connaissance.

TIMANDRA

Pauvre mignonne! Il faut lui prêter assistance;
Comme sa vertu, faible est sa complexion;
Elle supporte mal la forte émotion...

(Prenant une coupe sur une table de la taverne.)

Tiens! donne-lui de ce Samos pour la refaire!

XANTHIAS, *essayant vainement de faire boire Myrrhine.*

Décidément, cela tourne mal!...
                 (*D'un air désespéré.*)
                        Quelle affaire!
(*Il lui tape dans les mains, pour la ranimer.*)

TIMANDRA

Ce sont ces femmes-là qui me prennent le cœur
D'Alcibiade!... Ah! par Eros, le dieu moqueur,
C'est pitié!

XANTHIAS, *tapant toujours dans les mains de Myrrhine.*

          Justes Dieux! pourvu qu'elle s'éveille!
Elle ne bouge pas...
         (*Se penchant sur elle.*)
             Vainement je surveille
Un souffle sur sa bouche et j'ausculte son sein...
De se laisser mourir aurait-elle dessein?
C'est affreux!

(*Il tape de plus en plus fort.*)

TIMANDRA

S'il lui plaît de mourir, qu'elle meure!

XANTHIAS, *pleurant presque.*

Et moi,... j'aurai demain la prison pour demeure !
Oui, c'est sûr!... tout cela retombera sur moi!...
Ah! Myrrhine, réveille-toi!... réveille-toi!

TIMANDRA

Réveille-toi, Myrrhine, épouse aventureuse,
Qui jalouses l'emploi d'une grande amoureuse!
Allons, petite, allons!... Quand on joue à ce jeu,
On ne défaille pas si vite et pour si peu,
Mais on se tient toujours prête pour la parade!
Réveille-toi!... voici venir Alcibiade
Et ton époux derrière lui!... Que diras-tu
Lorsque j'accuserai moi-même ta vertu?
Allons, réveille-toi! prépare quelque excuse!
Tire-toi du péril par une adroite ruse!
Défends-toi!... car il faut te garder de songer
Que bénévolement je vais te ménager.

MYRRHINE, reprenant connaissance.

Ah! Timandra, pitié! pitié!...

TIMANDRA

      Tiens! ma harangue
De l'immobile mort a délivré sa langue!

XANTHIAS, à part.

Cela va mieux!... Moi-même, à l'espoir je renais.

MYRRHINE

O Timandra, sois bonne!... Oui, je le reconnais,
Contre moi ton courroux est juste : qu'il m'accable!
Sur ta rivale qu'il se déchaîne, implacable!
Mais, pour cela, choisis une autre occasion!

TIMANDRA

Que je laisse passer ceci!... Dérision!

Quelle autre occasion pour moi sera plus belle?
Cherche, pour m'émouvoir, une raison nouvelle!
Change ton plaidoyer! Celui-ci ne vaut rien.

MYRRHINE

Ne raille pas! ne raille pas! mais songe bien
Que de trop écouter le courroux qui t'anime
Alcibiade aussi deviendra ta victime.
Je t'implore pour lui,... pour lui seul!... Mon époux
Est un homme terrible en ses transports jaloux.
Hélas! il faut de sa rancune tout attendre.

TIMANDRA

C'est bon! Alcibiade est homme à se défendre.

MYRRHINE

Contre les guet-apens perfides et sournois,
Le plus brave ne peut lutter.

XANTHIAS

                 Ah! je te crois!
On a beau n'être ni timide, ni novice,
De ceux qui font les lois ou rendent la justice
Se dépêtrer est mal commode, je le sais.
Timandra, réfléchis à ces choses!

TIMANDRA

                 Assez!
Quoi! de Myrrhine tu vas prendre la défense!

XANTHIAS

Je ne la défends pas !... Elle t'a fait offense ;
Et je conviens que c'est ton droit de te venger.
Pourtant, je te signale un sérieux danger :
Livrer Alcibiade à la Magistrature,
C'est, toi-même, courir périlleuse aventure
Et si de l'avoir fait un jour tu te repens,
C'est toi, je t'en préviens, qui paieras les dépens.
Vois-tu bien, Timandra, la règle générale
Pour qui sait vivre, c'est d'éviter le scandale.

    (Levant les bras au ciel.)

Ah ! le Scandale ! à tous, à tous il fait des torts,
Car c'est un appareil aux perfides ressorts ;
Lorsque vous lui jetez vos ennemis en proie,
Vous vous apercevez que vous-même il vous broie.
Quand une affaire est grave, on l'étouffe avec soin,
— Le Sage nous apprend que c'est le premier point —
On la ressort, en temps opportun, dans la suite,
Quand on a discerné le genre de conduite
A suivre... et le profit qui peut en résulter.

TIMANDRA

Ainsi donc, c'est la peur qu'il faudrait écouter !
Oui, la peur !... tout ton corps comme un roseau frissonne...

    (Avec mépris.)

Tu raisonnes comme un esclave !

XANTHIAS

                Je raisonne...
Je cherche à t'éviter d'ultérieurs regrets...

MYRRHINE

Timandra, si d'un cœur sincère je jurais
De ne plus demeurer ta rivale...

TIMANDRA

            Folie !
Un serment ! — je connais les femmes, — ça s'oublie !
Pourtant, je ne veux pas qu'on puisse dire un jour
Que j'ai pu me prêter, par vengeance d'amour,
Aux intrigues des ennemis d'Alcibiade.
Cette affaire peut bien cacher une embuscade,
Puisque l'Envie est là, guettant sur son chemin,
Au lâche Hyperbolos ne donnons pas la main !
Moi, sa complice ! Non !... cela serait infâme !. .
C'est bien ! j'oublie ici ma rancune de femme ;
Nous nous retrouverons, Myrrhine, une autre fois.

MYRRHINE

Ah ! je n'oublierai pas tout ce que je te dois.

TIMANDRA

Moi non plus !

XANTHIAS

    Moi non plus ! .. car ta clémence altière...

TIMANDRA

Allons, toi, va-t'en lui chercher une litière !

XANTHIAS

Tout de suite ! j'y cours !... viens, Myrrhine, avec moi !
(Il entraîne Myrrhine précipitamment.)

SCÈNE VII

TIMANDRA, *seule, regardant s'éloigner Myrrhine*
d'un air de mépris.

Ma rivale!... Ah! ah! ah!... Non! plus de vain émoi!
Ma rivale! jamais! son âme est trop peu forte...
De me voir face à face elle était comme morte...

(Haussant les épaules.)

Un caprice d'Alcibiade sans danger!
Cela ne valait pas, certes, de me venger...

(Court instant de réflexion.)

Suivons-la, cependant!... La belle repentie
Pourrait bien revenir, après être partie.
Va-t-elle bien rentrer au foyer conjugal?...
J'ai pardonné trop tôt... peut-être ai-je fait mal?...

(Elle sort précipitamment, dans la même direction que
Myrrhine.)

SCÈNE VIII

HOMMES ET FEMMES DU PEUPLE

HOMMES ET FEMMES

Chœur.

Du rendez-vous voici l'heure charmante!
L'amant, sans doute, est auprès de l'amante

Et les baisers succèdent aux baisers ;
Eros vainqueur préside aux sacrifices ;
Lui-même emplit la coupe des délices,

Versant l'ivresse à leurs transports inapaisés.
Pour célébrer l'union de leurs âmes,
Chantons, chantons les doux épithalames
Dont les accents redoublent les désirs !
Que sans troubler l'échange des tendresses
Ils soient l'écho palpitant des caresses
Et qu'ils montent légers ainsi que des soupirs !...

PREMIER HOMME DU PEUPLE

Mais où donc Xanthias ?...

PREMIÈRE FEMME

Il devrait être ici.

LES FEMMES

Le rendez-vous a-t-il bien réussi ?
Les amoureux ne sont pas arrivés peut-être,
Sinon nos chants les feraient apparaître.

LES HOMMES

Xanthias n'est pas là ; c'est que probablement
Ce n'est pas encore le moment.

PREMIER HOMME DU PEUPLE

Alors, pour attendre, allons boire !
Notre cher Xanthias, j'ai tout lieu de le croire,
Est dans cette taverne, où, par distraction,
Il fait au dieu Bacchos une libation.

*(Il entre dans la taverne entraînant la foule. Tous dispa-
raissent sous la tonnelle.)*

SCÈNE IX

ALCIBIADE, *seul.*

C'est étrange!... Je croise, en route, une litière;
Myrrhine s'y trouvait;... avec la mine altière,
Elle ouvre les rideaux : — « Ne compte pas sur moi! »
— Jette-t-elle à la hâte et sans dire pourquoi —
Puis, voici les rideaux refermés, tout de suite
Et la litière, comme un voleur, prend la fuite...

Que veut dire ceci?... Caprice ou bien péril?...
L'époux, pris de soupçon, nous surveillerait-il?
J'en ai peur... Un ami l'a renseigné, peut-être!
Un bon ami... C'est bien! je trouverai le traître.
 (Un temps.)
Quoi qu'il en soit, c'est très fâcheux!... Je n'aime pas
Que la table s'effondre au moment du repas...
 (Regardant au dehors.)
Mais que vois-je?... Une femme!... Eros vient à mon aide.
Ah! je le jure : — à moins qu'elle ne soit trop laide,
A son culte divin je la sacrifierai.
 (Regardant de nouveau.)
Elle s'avance avec un pas accéléré
Et non sans grâce... En mon dessein rien ne m'arrête.
 (Il s'avance délibérément au-devant de la passante; mais brus-
  quement il s'arrête et recule.)
O le coup du destin moqueur!... C'est Hipparète,
Mon épouse!...
 (Se remettant.)
    Hé bien, quoi! parfait! délicieux!
Cela ne pouvait pas, en somme, tomber mieux.

Mon épouse! voilà conjuré le scandale.
Tout reprend, de la sorte, une marche normale.

Hipparète, d'ailleurs, a des charmes,... beaucoup.
Les contester serait un vrai manque de goût;
Je lui dois un très grand arriéré de tendresse
Et je veux acquitter ma dette avec largesse.

Si j'en juge, pourtant, par son air courroucé,
Elle n'arrive point, d'un pas aussi pressé,
Pour avoir avec moi quelque colloque tendre...
Hum! ne serait-ce pas, plutôt, pour me surprendre?
    (*Il se redresse.*)
Eh bien! il s'agit donc de la reconquérir,
Ah! la lutte sera chaude pour l'attendrir,
Mais c'est l'occasion d'une belle victoire.
Si je ne l'obtiens pas, que périsse ma gloire!

SCÈNE X

ALCIBIADE, HIPPARÈTE

ALCIBIADE

Chère Hipparète, viens!... viens!... l'entrée est par là...
    (*Il lui montre la porte de la villa, avec un geste des plus
    aimables, pour l'engager à l'y accompagner.*)

HIPPARÈTE, *reculant.*

Mais...

ALCIBIADE

Ne voulais-tu point visiter la villa?...

HIPPARÈTE, *avec colère*

La villa de tes rendez-vous !

ALCIBIADE

De politique.

HIPPARÈTE

Tes mensonges ne sont qu'une vaine tactique
Je suis bien renseignée... oh ! oui, trop bien !...

ALCIBIADE

Pourtant...

HIPPARÈTE

Je dis que ta maîtresse est ici, qui t'attend.

ALCIBIADE

Entre donc !... tu verras à quel point l'on t'abuse.

HIPPARÈTE, *à part.*

Son assurance est-elle une nouvelle ruse ?

ALCIBIADE, *très engageant.*

Entre !...

HIPPARÈTE, *interdite.*

Suis-je venue ou trop tôt ou trop tard ?...

ALCIBIADE

Entre! ne garde pas de doute à mon égard!

HIPPARÈTE

Entrer ici !... subir encore cette honte !
Jamais !... Mais sache bien que je vais chez l'Archonte
Pour lui porter ma plainte en divorce !

ALCIBIADE

Tu vas

Chez l'Archonte ?

HIPPARÈTE

J'y vais sans retard.

ALCIBIADE

En ce cas,
Tu pris, fort à propos, ce chemin pour t'y rendre,
Car si quelques instants tu consens à m'entendre...

HIPPARÈTE, *lui coupant la parole brusquement.*

Je n'entends rien ; je vais...

ALCIBIADE, *lui barrant le chemin.*

Tu n'iras pas !

HIPPARÈTE, *l'évitant.*

J'irai.
Alcibiade la rattrape et la prend tendrement dans ses bras.

HIPPARÈTE, *se débattant.*

La violence !

ALCIBIADE

Hé ! sans doute, je l'emploierai,
Puisque tu m'y contrains. J'aurais l'âme démente,
Alors que je possède une épouse charmante,
De consentir à la perdre sans protester...
Hipparète, Hipparète, il te faut m'écouter...
Là, dans mes bras ;... je veux t'assurer que je t'aime
Et que quiconque dit le contraire, blasphème.

HIPPARÈTE

C'est toi, c'est toi qui mens d'un mensonge odieux !

ALCIBIADE

Et ce baiser ment-il ?... Ce cœur qui bat joyeux
Parce que de ton cœur il ressent les secousses,
Comme autrefois, pendant nos heures les plus douces,
Ce cœur tout palpitant, dis-moi, peut-il mentir ?
Ne te montre-t-il pas, au moins, mon repentir ?
J'ai souvent été fou, je veux le reconnaître ;
Dans mainte occasion, même, j'ai pu paraître
Plus coupable ; c'était pure légèreté ;
A toi, à toi toujours mon amour est resté.
Hipparète, ah ! pourquoi vas-tu prêter l'oreille
A mes accusateurs ?... Sais-tu qui te conseille ?
Sais-tu qui contre moi suscite ton courroux ?
La coalition ignoble des jaloux
De ma fortune politique et militaire ;
Pour me discréditer, pour me jeter à terre,
Ils ne reculeront devant aucun moyen ;
Ils veulent t'exploiter toi-même, crois-le bien !

Te voyant devenir complice de leur haine,
Ils se vantent déjà de ma chute prochaine,
Ils parlent hautement de me faire bannir
Et sur ma perte ils vont fondant leur avenir...
— Mais non ! non ! Maintenant que j'ai fait la lumière
Sur leurs desseins, je sais qu'Hipparète est trop fière
Pour servir contre moi ces lâches scélérats ;
Au contraire, j'en suis bien sûr, tu m'aideras
A les confondre, à dénoncer leur infâmie ;
Tu resteras ma femme et ma meilleure amie,
Afin que, devant tous, je puisse proclamer
Que mon ambition seule... c'est de t'aimer.

HIPPARÈTE, *émue, s'abandonnant.*

Alcibiade !... En toi dois-je avoir confiance ?...

ALCIBIADE

Viens ! nous allons signer le pacte d'alliance !
    (Il la soulève dans ses bras et l'emporte vers la villa.)
C'est tout de même vrai : je l'aime éperdument.
    (Il disparaît avec elle dans la villa.)

SCÈNE XI

HYPERBOLOS, LA FOULE

Hyperbolos est survenu un peu avant que la porte de la villa se refermât. Ayant vu une femme qu'emportait Alcibiade, dans une position où il ne pouvait distinguer ses traits, il a continué à croire que cette femme est Myrrhine, et il goguenarde.

HYPERBOLOS

Ah ! ah ! j'arrive à point pour voir l'enlèvement...
Notre Myrrhine fit, paraît-il, des manières,
Il fallut employer les méthodes guerrières :
Le rapt à bout de bras... Allons ! cela va bien !
Nous rirons gentiment ! L'époux est là... qui vient...
Mais la foule ?... voyons ! il me manque la foule !
Et Xanthias ?

    (Regardant dans la taverne.)

        Sans doute, il est là qui se saoule...

    (Apercevant la foule en train de boire.)

Eh ! mais voici du monde !... Accourez, mes amis !
C'est le moment ! voici le spectacle promis !

    (La foule revient en scène.)

HOMMES et FEMMES DU PEUPLE

Chœur.

Du rendez-vous voici l'heure charmante !
L'amant, sans doute, est auprès de l'amante
Et les baisers succèdent aux baisers,
       etc., etc., etc.

HYPERBOLOS, *à la foule.*

Très bien ! très bien ! ce chœur est du meilleur effet !
  (A part.)
Mais l'époux ne vient pas... Pourquoi ? Qu'est-ce qu'il fait ?
  (Haut, radieux.)
Ah ! le voici !... tout rouge ainsi qu'une tomate !
Sa colère déborde...
  *(Entre Eucrate d'une démarche précipitée, il est escorté de
  gardes scythes. Hyperbolos s'avance vers lui; il lui parle
  d'une façon servile.)*

SCÈNE XII

LES PRÉCÉDENTS, EUCRATE, GARDES SCYTHES,
puis ALCIBIADE *et* HIPPARÈTE

HYPERBOLOS

O vénérable Eucrate,
Si douloureux que soit aujourd'hui mon devoir,
Je...

EUCRATE, *impatient.*

C'est bien !... Où sont-ils ?... Je veux voir,... je veux voir...

HYPERBOLOS

Tu verras : ils sont là, derrière cette porte.

EUCRATE

Entrons !

HYPERBOLOS

Non ! tout d'abord, il faut agir en sorte
Que par une autre issue ils ne puissent sortir ;
Comme une place forte il faut les investir ;
A chaque angle de mur postons un garde scythe
Et nous assurerons ainsi la réussite !

(Il s'est occupé lui-même, avec une activité bouffonne, à placer les gardes.)

Voilà, c'est fait !...

(A Eucrate.)

Tu peux pénétrer, maintenant !...

(Eucrate entre dans la villa, accompagné de deux gardes scythes.)

HYPERBOLOS, *déclamatoire.*

L'heure est tragique !... O Zeus, formidable et tonnant,
Regarde ici ce qui se passe !...
Que ta foudre éclate en l'espace,
Afin d'accompagner les grondements affreux
De l'époux dans la cage avec les amoureux !

(A la foule.)

Et nous, faisons de la musique
Pour adoucir un peu l'émotion tragique.

HOMMES et FEMMES

Chœur.

Pour célébrer l'union de leurs âmes,
Chantons, chantons les doux épithalames
Dont les accents redoublent les désirs !
etc., etc., etc.

(A la fin du chœur, Eucrate apparaît sur le seuil de la villa.)

EUCRATE, *avec courroux.*

Hyperbolos, sais-tu que ma colère est grande...

HYPERBOLOS, *de plus en plus goguenard.*

Je le comprends : la circonstance le commande.

EUCRATE

Tu m'as trompé.

HYPERBOLOS

Qui?... moi?

EUCRATE

C'est indigne !

HYPERBOLOS

Comment ?

EUCRATE

Celle qu'Alcibiade accueille en ce moment
C'est Hipparète...

HYPERBOLOS, *pâlissant.*

Quoi ?...

EUCRATE

Oui, c'est sa propre femme !
Et toi, tu soupçonnais Myrrhine !... chose infâme !
Ah ! je saurai punir !

HYPERBOLOS, *qui fait peine à voir.*

Tous mes sens sont glacés...
                (Cherchant à se défendre.)
C'est impossible !

EUCRATE

Vois les époux enlacés
Qui rêvent tendrement sur la haute terrasse !
(Alcibiade et sa femme sont effectivement visibles à la place et
dans la posture indiquées.)

HYPERBOLOS

Hipparète, en effet !... Ah ! cela me terrasse !
Que s'est-il donc passé ?
                (Avec abattement.)
Je n'y comprends plus rien.

HOMMES et FEMMES DU PEUPLE

Ah ! pauvre Hyperbolos, quel malheur est le tien !
Ah! ah ! ah ! ah ! ah ! ah !

HYPERBOLOS

Assez ! ce n'est pas drôle !

HOMMES et FEMMES

Nous rions, c'est dans notre rôle,
Tu convoquas dans ce but tes amis,
Et c'est plus drôle encore que tu l'avais promis.

6.

EUCRATE

Hyperbolos, tu n'es qu'un hideux sycophante !
Myrrhine, mon épouse, est pure ; chacun vante
Sa vertu ; devant elle on s'incline très bas ;
Et toi, publiquement, tu ne redoutes pas
De la salir de tes soupçons ? J'aurai justice !
        (*Il appelle les gardes scythes.*)
Cet homme est un coquin !... Vite ! qu'on le saisisse !
Le tribunal le jugera comme il convient.

HOMMES et FEMMES, *pendant que les gardes scythes
        enchaînent Hyperbolos.*

Ah ! pauvre Hyperbolos, quel malheur est le tien !
        Celui qui prépara l'embûche
        Lui-même en son piège trébuche !
        Le nez pris dans le traquenard,
Vers nous et vers le Ciel il roule un œil hagard.
        Ah ! ah ! ah ! la piteuse mine !
        Il n'est plus fier, ni railleur,
Il semble faire appel à la pitié divine ;
Mais le Ciel, comme nous, rit devant son malheur.
— Ah ! pauvre Hyperbolos, la funeste aventure !
        Ah ! ah ! ah ! ah ! ah ! ah !

HYPERBOLOS

Oui, les Dieux, en effet, m'accablent ; mais je jure...

EUCRATE

Tais-toi !... Dorénavant, je sais ce que tu vaux.
        (*Depuis un instant, Alcibiade est apparu, avec Hipparète, sur
        le seuil de la villa.*)

EUCRATE, *à Alcibiade.*

Excuse-nous d'avoir dérangé tes travaux,
Cher stratège ! J'ai dû faire arrêter, moi-même,
Cet homme dangereux qui contre tous blasphème.

ALCIBIADE

Ah ! ah ! Hyperbolos !

EUCRATE

N'ai-je pas eu raison ?

ALCIBIADE

On ne peut s'étonner qu'il s'en aille en prison ;
L'aventure par moi lui fut souvent prédite
Comme couronnement juste de son mérite.
— Mais en l'occasion, ce qui me rend heureux
C'est de voir réuni tout ce public nombreux
Qui pourra constater, de manière évidente,
Qu'entre Hipparète et moi toujours règne l'entente.
    (*Désignant Hyperbolos.*)
Cet imbécile avait entrepris de narrer
Que le divorce allait d'elle me séparer...
Contre la calomnie infâme je proteste
Par la parole... et, mieux encore, par le geste.
    (*Il serre tendrement Hipparète contre lui.*)

EUCRATE

De cet homme connais toute l'abjection !
Au Conseil des Cinq-Cents il a fait motion
D'un vote d'ostracisme où sa haine te guette.

HIPPARÈTE, *avec inquiétude.*

Et le Conseil a-t-il accueilli la requête?

EUCRATE

Il devra l'accueillir ; ainsi le veut la loi ;
Chacun de proposer l'ostracisme a le droit ;
Mais le peuple assemblé bannit qui bon lui semble

ALCIBIADE

L'ostracisme ! fort bien ! Pense-t-il que je tremble?...
De mes propres efforts je veux l'encourager
Et pour cela tu vas, Eucrate, m'obliger.
Relâche Hyperbolos ! fais enlever sa chaîne !
Qu'il aille librement à son œuvre de haine !
Souffre que je l'arrache à ta juste rigueur
Pour qu'il constate bien qu'il ne me fait pas peur !

EUCRATE

Que le peuple, en effet, lui-même le punisse !
La prison, ce n'est pas assez ! qu'on le bannisse !
    (*Sur un ordre d'Eucrate, les gardes scythes rendent la liberté
    à Hyperbolos.*)

HYPERBOLOS, *secouant ses chaînes et retrouvant son aplomb.*

Par Zeus ! nous verrons bien !
                (*A Alcibiade.*)
                        Contre tes courtisans
Nicias et Phéax m'offrent leurs partisans ;
Compte-les et n'attends qu'une sûre défaite !

ALCIBIADE

Plus le danger est grand, plus j'y cours, l'âme en fête ;
Si la cause est perdue, elle me convient mieux,
Car je serai plus fier d'être victorieux.

RIDEAU

Fin de l'acte troisième.

ACTE QUATRIÈME

ACTE QUATRIÈME

Même décor.

SCÈNE PREMIÈRE

Hommes du Peuple, *puis* HYPERBOLOS

CHŒUR DES HOMMES DU PEUPLE

Parmi les institutions
Qui font qu'aux autres nations
Notre illustre Cité commande,
C'est l'ostracisme la plus grande.

Aujourd'hui nous allons bannir
Un personnage d'importance.
Qui cela?... Je dois convenir
Que je n'ai pas de préférence.

Mais ce jour est, en vérité,
Rempli d'allégresse et de gloire,
Car on vient, de chaque côté,
          M'offrir à boire.

L'un m'aborde et me dit tout bas :
« Mets bien ce nom sur ta coquille,
« Cher ami, ne te trompe pas
« Et viens boire sous la charmille ! »

Mais un autre me crie : — « Horreur !
« Ah ! mon pauvre ami, l'on te berne ;
« Je vais t'expliquer ton erreur. »
Puis il m'entraîne à la taverne.

« Bannis celui-ci !... Bannis celui-là ! »
L'un me conseille avec mystère,
Un autre parle avec éclat ;
Mais tous me tendent un cratère.

Sans dépenser, j'ai bu cent coups,
Si bien que Bacchos me domine ;
Je confesse que je suis sous
Son inspiration divine !

(Tous donnent des signes non équivoques d'ivresse.)

HYPERBOLOS *entre et les considère avec satisfaction.*

Oui, je crois, en effet, qu'ils sont comme il convient
Pour me comprendre et voter bien.

(A ce moment retentissent des appels de conques qui convo-
quent le peuple à l'ostracisme,)

HYPERBOLOS, *déclamant avec force.*

Aux urnes, citoyens d'Athène ! On vous appelle !
Entendez-vous, là-bas, les conques retentir !
    L'heure est grave, elle est solennelle...
Aux urnes !!... De voter nul ne doit s'abstenir.

Un homme, d'effroyable audace,
Par son ambition menace
        Vos libertés !
Mais le peuple seul est le maître ;
Citoyens, faites bien connaître
        Vos volontés !

Aux urnes!!... Votre indifférence
De votre indépendance entraînerait la mort ;
Aux urnes!!... Songez bien que du commun effort
La Patrie, en ce jour, attend sa délivrance !

Surtout n'oubliez pas d'écrire bien son nom
Sur vos coquilles!...
(A un homme du peuple.)
Toi, montre la tienne !
(Il vérifie la coquille.)
Bon !
Alcibiade...
*(Il lui montre la direction des urnes et l'y pousse, puis,
s'adressant à un autre :)*
Et toi?... Bien ! je te félicite.
(Même jeu que précédemment. A un autre :)
Toi!... Pourquoi n'as-tu rien écrit?... Ecris bien vite ;
Alcibiade...

PREMIER HOMME DU PEUPLE, *d'un air très embarrassé.*

Mais...

HYPERBOLOS

Tu refuses?... Pourquoi ?

PREMIER HOMME DU PEUPLE

Je ne sais pas écrire...

HYPERBOLOS

Eh bien ! j'écris pour toi.
*(Il lui prend sa coquille, y inscrit le nom d'Alcibiade et la lui
remet.)*

Là !... Tu deviens un bon citoyen de la sorte.

*(Il prend la coquille d'un autre et la lit avec un soubresaut
d'indignation.)*

Infâme !... c'est mon nom que ta coquille porte ?

DEUXIÈME HOMME DU PEUPLE, *complètement ivre.*

Tu crois ?... Peut-être bien que j'aurai confondu...
A ta santé j'ai bu tant de fois que, vois-tu,
Je n'ai plus que ton nom maintenant sur la bouche.

HYPERBOLOS

Ton explication est ténébreuse et louche...

*(Il brise sa coquille et lui en donne une autre où se trouve le
nom d'Alcibiade.)*

Allons ! c'est réparé !... plus de mauvaise foi !
Va voter sans retard !

DEUXIÈME HOMME DU PEUPLE

C'est ça ! j'y vais tout droit.

*(Il se met en route, en marchant effroyablement de travers.
Rires de la foule.)*

DEUXIÈME HOMME DU PEUPLE, *toujours zigzaguant.*

Aux urnes, citoyens !...

HYPERBOLOS

Parfait !... Aïe ! il chancelle !

*(En voulant faire un geste grandiose, approprié à son exclama-
tion, l'homme a, en effet, perdu l'équilibre et s'est affalé
sur le sol, où il reste plongé dans le coma. Les rires de la
foule reprennent une nouvelle envolée.)*

HYPERBOLOS

Un vote de perdu !
            (*Se rassurant.*)
                        C'est une bagatelle !
        Un perdu, j'en retrouve deux...
    (*Montrant le peuple.*)
Ils sont tous dans mes mains... j'en fais ce que je veux.
    (*Et il entreprend de déclamer encore, d'une voix tonnante.*)
Aux urnes, citoyens !...

TROISIÈME HOMME DU PEUPLE

                Assez !... tu nous embête !
A force de crier, tu nous casses la tête !

QUATRIÈME HOMME DU PEUPLE

Il a raison !... Nous croit-il sourds comme des pots ?

CINQUIÈME HOMME DU PEUPLE

Après que j'ai bu, moi, j'ai besoin de repos.

SIXIÈME HOMME DU PEUPLE

Moi, j'ai besoin d'aller trouver les hétaïres.

SEPTIÈME HOMME DU PEUPLE

Sans doute !... Que nous fait l'ostracisme ?...
    (*Il suit le sixième homme et en entraîne avec lui quelques
    autres.*)

HYPERBOLOS, *les poursuivant de son indignation.*

                        Satyres !

Boucs immondes ! Allez par les taillis rôder !
> (*Se retournant vers les autres.*)

Mes amis, ne vous laissez pas intimider !...
> (*Un nouvel appel de conques vient à souhait pour empêcher la débandade.*)

Entendez !... de nouveau la conque vous invite !
Faites votre devoir sans faiblesse !... allez vite !
> (*Il les pousse dans la direction des urnes, en déclamant.*)

Aux urnes ! Votre indifférence
De votre indépendance entraînerait la mort.
Aux urnes !! Songez bien que du commun effort
La Patrie, en ce jour, attend sa délivrance !
> (*Les deux derniers vers sont dits de la coulisse.*)

SCÈNE II

ALCIBIADE, *seul, regardant s'en aller Hyperbolos.*

Très bien ! très bien !... il montre un zèle infatigable !
Il est partout... partout sa voix tonne et m'accable !...
> (*En descendant.*)

Par Zeus ! Nous verrons bien ce qu'il en adviendra !
> (*Après un coup d'œil circulaire.*)

Je constate pourtant que sur notre Agora,
Pour la première fois, sans escorte j'arrive ;...
La chose a sa valeur très significative,
Tout à l'heure, en venant, j'ai brusquement croisé
Mes poètes habituels... ils ont passé
En regardant en l'air... pour découvrir, sans doute,
A quel astre nouveau doit s'éclairer leur route.
Dans leur esprit je suis perdu, c'est évident ;
Je ne vaux même plus l'espoir d'un coup de dent

Et peut-être déjà leurs Muses faméliques
Chantent pour Nicias des vers dithyrambiques...
— Pauvres Muses!... Dans ces enfantements nouveaux

Elles peinent pour rien ; j'ai fait de mes rivaux,
Nicias et Phéax, des alliés. — Et même
J'ai quelque orgueil d'avoir résolu le problème ;
Car il fallait prouver que c'est surtout contre eux
Que les votes semblaient s'annoncer dangereux ;
— Mais je connais tous les secrets du syllogisme...
Et nous voilà ligués pour perdre l'ostracisme.
— Qu'il meure ! ou ne soit plus qu'une dérision !
Luttons donc !... Mais, d'abord, tâtons l'opinion !

Voici très à propos Lysias et Lysandre !...
Hé ! les amis!... Tiens ! tiens ! ils n'ont pas l'air d'entendre,
Ils vont plus vite...

> *(Il se porte résolument devant eux.)*

Hé ! les amis !

> *(Lysias et Lysandre sont forcés de s'arrêter ; ils paraissent excessivement gênés.)*

Vous paraissez
Avoir beaucoup à faire... Etes-vous si pressés ?...
Vous allez pour voter l'ostracisme peut-être.

> *(Lysias et Lysandre cachent rapidement leurs coquilles.)*

Qui comptez-vous bannir?... Pourrais-je le connaître?...

> *(Lysias et Lysandre, de plus en plus gênés, restent muets.)*

Est-ce moi?...

LYSIAS et LYSANDRE, *balbutiant et pâlissant.*

Mais...

ALCIBIADE

Eh bien ! vous demeurez piteux...
Ah ! ah ! ah ! Quelle mine avez-vous, tous les deux !

N'êtes-vous pas souffrants ?... Vous devenez livides !
Allons, remettez-vous !... Quittez ces airs stupides !
Courage !... d'autant plus qu'à votre trahison
Vous avez, je le pense, une bonne raison...
Expliquez-moi cela !... Vous m'aimiez, d'habitude...

LYSIAS et LYSANDRE

Mais nous t'aimons toujours...

ALCIBIADE

                    C'est une certitude
Qui me ravit : toujours vous m'aimez ; mais alors...

LYSIAS

C'est le Destin, vois-tu, de qui viennent les torts...

LYSANDRE

Au jeu de dés, il nous montra tant de rancune
Et dans notre trésor, pour combler la lacune,
Tant de fois, tant de fois nous avons emprunté
Que nos âmes, nos biens et notre volonté,
Tout de notre prêteur est devenu la proie !

ALCIBIADE

Je comprends : ce prêteur, dont l'étreinte vous broie,
Se nomme Hyperbolos, n'est-ce pas ?

LYSIAS et LYSANDRE

                        C'est bien lui.

ALCIBIADE

De voter mon exil, il vous somme aujourd'hui...

LYSIAS

Ou sinon la prison...

ALCIBIADE

                    Pressé par ce dilemne,
Chacun de vous répond qu'il préfère être indemne
Au prix de mon exil... Après tout, c'est humain !
Eh bien ! allez ! Continuez votre chemin !

LYSIAS et LYSANDRE

Crois que nous regrettons...

ALCIBIADE

                    Non ! regrets inutiles !
Ne pleurez point ! Laissez les pleurs aux crocodiles !
Sachez bien, cependant, que vous êtes des fous
Et qu'un âne bâté raisonne mieux que vous.
Quoi ! la bonté des Dieux, pour payer vos créances,
Vous offre un merveilleux concours de circonstances
Et de l'occasion vous ne discernez rien !

LYSIAS, *timidement,*

Non, je ne...

LYSANDRE, *honteusement.*

Moi, non plus, je ne...

ALCIBIADE

                    Suivez-moi bien !
Au lieu de me bannir, supposez qu'on exile
Hyperbolos — cela n'est pas plus difficile —
Et si la chose advient, n'est-il pas avéré
Qu'on bannit avec lui vos dettes ?

                                        7.

LYSIAS et LYSANDRE

Tiens ! c'est vrai !

LYSIAS

Hyperbolos parti pour l'Asie ou la Thrace,
De ce que nous devons ne resterait plus trace...

LYSANDRE

Certe !... et de sa poursuite on n'aurait plus souci.

LYSIAS

Comment n'avions-nous pas envisagé ceci ?...

LYSANDRE

Je demeure ébloui : l'idée est magnifique !

ALCIBIADE

Mais il est temps encor de la mettre en pratique.

LYSIAS et LYSANDRE

C'est juste !

LYSIAS

Alcibiade ! Ah ! je le reconnais,...

LYSANDRE

Nous le reconnaissons...

ALCIBIADE

Vous êtes deux benêts !

LYSIAS

Soit ! Mais toi, tu reçus le génie en partage.

ALCIBIADE

Point de mots superflus ! des gestes ! A l'ouvrage !
Hyperbolos n'a pas que vous pour débiteurs.

LYSANDRE

Hélas ! non, artisans, chevaliers, sénateurs,
Ses victimes sont innombrables dans Athène.

ALCIBIADE

A tous enseignez la méthode certaine
Qui permet d'acquitter ses dettes d'un seul coup ;
A l'opération, je pense, ils prendront goût.

LYSIAS

Pareille mission est même une œuvre pie...

LYSANDRE

C'est, à n'en pas douter, de la philanthropie...

LYSIAS et LYSANDRE

Nous y courons !

ALCIBIADE

A la bonne heure !... Un mot encor !...
J'ai gagné, l'autre nuit, aux dés, un talent d'or :
Pour vous remettre à flot, croyez-vous qu'il suffise ?

LYSIAS et LYSANDRE

Eh quoi ! tu...

ALCIBIADE

Je vous l'offre.

LYSIAS

Ah ! ta grâce est exquise !

LYSANDRE

Mais comment accepter ?...

ALCIBIADE

Acceptez cependant.
Ce soir, je donnerai l'ordre à mon intendant...
Et maintenant, allez, et montrez de l'adresse !...
Point de remercîments !... Aux urnes !... Le temps presse !
    (*Il pousse dehors Lysias et Lysandre.*)

SCÈNE III

ALCIBIADE, *seul.*

Le temps presse, en effet ! Ceux dans qui j'avais foi,
Le Sycophante a su les lancer contre moi ;
Que vois-je encor?... Quels sont ces gens qu'il accompagne?...
Mais... ne dirait-on pas les gens de la campagne ?...
Il en vient !... il en vient !... l'Agora s'en remplit
Et c'est comme un torrent débordant de son lit,
Dont l'inondation vers les urnes s'épanche...
C'est bien Hyperbolos qui guide l'avalanche !
Voilà donc le grand coup par ses soins préparé !...
Bien ! je suis prêt au choc et je riposterai.
Le moment est venu ! Pour éblouir les masses,
Je connais aussi, moi, des secrets efficaces.
    (*Il sort précipitamment.*)

SCÈNE IV

HYPERBOLOS, XANTHIAS

(Ils entrent en causant avec animation.)

XANTHIAS

Eh bien ! c'est un fameux succès !... de toutes parts
Ils arrivent sur l'Agora, nos campagnards !
Et je dois m'accorder, malgré ma modestie,
Qu'avec habileté j'ai mené la partie.

HYPERBOLOS

Si ces gens votent bien, notre triomphe est sûr.

XANTHIAS

Ah ! pour les amener cela fut assez dur !
Ces brutes-là sont plus brutes que leurs bourriques :
Ils ne comprennent rien aux choses politiques ;
Ils ont des points de vue étroits et sans grandeur ;
Ils écoutent avec méfiance, ils ont peur ;
Ce sont des âmes sans fierté, sans héroïsme...
Beaucoup ne savaient pas ce qu'est un ostracisme.

HYPERBOLOS

C'est pitié !

XANTHIAS

              La rougeur m'en est montée au front.
D'Alcibiade même ils ignoraient le nom.

HYPERBOLOS, *éclatant de rire.*

Lui qui croit l'univers plein de sa renommée,
A dix stades d'ici sa gloire est périmée !

XANTHIAS

Mais ton nom, par exemple, est de tous bien connu.

HYPERBOLOS

Vois-tu, ces campagnards ont un air ingénu,
Ils sont très ignorants, ils manquent de culture,
Leur âme assurément n'est rien qu'une âme obscure,
Mais ils ne sont pas si bêtes qu'ils en ont l'air.

XANTHIAS

Attends ! attends !... Oui, tous te connaissent, c'est clair.
Mais sais-tu bien comment parlait leur ignorance :
— « Ceux qui prennent dans la cité trop d'importance,
« Ceux-là — convenaient-ils — sont un danger. »

HYPERBOLOS

Parfait !

XANTHIAS

« Pour l'écarter, il faut les bannir. »

HYPERBOLOS

En effet !

XANTHIAS

Oui ; mais ils avançaient comme chose certaine
Que le plus important des citoyens d'Athène
C'est toi, — parce que toi tu parles le plus fort ;
Et tous, pour te bannir, tous se trouvaient d'accord.

HYPERBOLOS

Les imbéciles !

XANTHIAS

Calme-toi !

HYPERBOLOS

Les misérables !

XANTHIAS

Calme-toi ! car j'ai pu les rendre raisonnables ;
Et quand j'eus redressé leurs esprits erronés,
Tous contre Alcibiade ils se sont retournés.

HYPERBOLOS, *avec un soupir de soulagement.*

Ah !...

XANTHIAS

Pour que mes raisons parussent décisives,
J'ai promis que le blé, le vin et les olives
Se vendront bien plus cher quand ils auront voté
L'ostracisme, qui doit sauver la liberté.

HYPERBOLOS

Tu détiens un certain sens de la politique.

XANTHIAS

Oui ; mais nos campagnards, ayant le sens pratique,
Aux frais de l'orateur ont bu, même mangé,
Si bien que...

HYPERBOLOS

Tu seras par moi dédommagé,

Sois tranquille !

*(Tout à coup retentit une bruyante fanfare militaire. Hyper-
bolos dresse l'oreille avec inquiétude.)*

Hein ! quel est ce bruit ?... une fanfare
Guerrière ?

XANTHIAS, *montrant à Hyperbolos des soldats qui commencent
à apparaître.*

Un défilé de troupes se prépare...
Dans le tumulte des chars et des cavaliers
Reluisent javelots, lances et boucliers...
Un corps d'armée entier !... A sa tête parade
Lui-même... notre beau stratège Alcibiade,
Fier et resplendissant sous une armure d'or !

HYPERBOLOS, *avec rage.*

Ah ! par les Dieux ! cela va nous faire du tort !

XANTHIAS

Certe, il peut regagner la faveur populaire
Par le moyen d'un grand spectacle militaire.

HYPERBOLOS

Voilà les tours de sa façon ! Mon compliment !
J'en conviens : c'est joué supérieurement !
Organiser, pour ce jour même, une revue
C'est insolent, mais ce n'est pas une bévue !
Ah ! le drôle n'est pas maladroit ! Il sait bien
Ce qui trouble et séduit le peuple athénien ;
Ce déploiment guerrier, le bruit qui l'accompagne
Vont éblouir surtout les gens de la campagne...
Tiens ! regarde plutôt !... au-devant des soldats,
Ils courent !... avec eux ils emboîtent le pas !

Et les urnes, là-bas, vont être délaissées !
Ah ! courons arrêter ces ardeurs insensées !

> *(A ce moment, les troupes d'Alcibiade apparaissent et défilent,
> soit au fond du théâtre, soit en pleine scène, suivant l'impor-
> tance de la figuration que l'on pourra réaliser. Tout le
> peuple se masse pour les voir passer. Au milieu du défilé, le
> peuple applaudit.)*

HYPERBOLOS, *au comble de l'indignation.*

Athéniens, hommes des champs, vous êtes fous !
Quoi ! vous flattez ceux-là qui se moquent de vous !
Ne voyez-vous donc point que dans cette parade
Se trahit le dessein caché d'Alcibiade ?
Tout son génie étant d'être un aventurier,
Il veut vous enivrer d'enthousiasme guerrier,
Pour vous entraîner mieux aux guerres d'aventure ;
A son ambition voilà longtemps que dure
La paix dont Nicias vous a fait le présent,
La paix si nécessaire à l'intérêt présent !
Il veut la rompre ; c'est le forfait qu'il médite
Et l'ostracisme est bien la peine qu'il mérite !
Oui, l'ostracisme !... vous savez tous aujourd'hui
Que bien d'autres griefs existent contre lui ;
Si vous avez besoin que je les énumère,
Voici !... j'en ai dressé le résumé sommaire...

> *(Il sort une longue tablette d'argile. Mais de nouvelles fanfares
> éclatent plus stridentes et couvrent sa voix. On n'entend que
> des bouts de phrases inintelligibles, hachées par les sonne-
> ries. La foule rit des vains efforts d'Hyperbolos pour se faire
> entendre. Bientôt, Alcibiade, lui-même, apparaît, monté sur
> un char de guerre ; il est en costume de stratège ; son bou-
> clier d'ivoire et d'or montre un Eros sculpté. Pendant que la
> foule donne des signes d'admiration, il fait taire d'un geste
> les trompettes. L'armée s'arrête en même temps.)*

SCÈNE V

Alcibiade harangue la foule sur un ton très simple, en opposition avec les criailleries d'Hyperbolos ; toutefois, il s'échauffera dans les deux dernières strophes.

Les Précédents, ALCIBIADE, *puis* TIMANDRA
ET LES Courtisanes

ALCIBIADE

Deux mots, Athéniens !... On vous a dit peut-être
Qu'Alcibiade et Nicias étaient rivaux,
Que chacun prétendait devenir votre maître...
Non, la rivalité n'existe point ; — c'est faux !

Serviteurs dévoués de la chose publique,
Tous deux par cet amour nous sommes réunis ;
Et tu te flétriras d'une sentence inique,
Si c'est lui, si c'est moi, peuple, que tu bannis.

Nous, voulant nous prouver notre amitié certaine,
Nous nous sommes prêté serment que si demain
L'un de nous, par l'exil, est éloigné d'Athène,
L'autre, à côté de lui, suivra même chemin,

Et pour apprendre à tous l'entente convenue,
Pour donner plus de force à ce qui fut promis,
Nous avons décidé qu'une grande revue
Unirait, en ce jour, les stratèges amis.

Là, nous donnant une accolade fraternelle,
Pendant que nos soldats mêleront leurs clameurs,
Tous deux, nous crierons : « Gloire à la ville éternelle,
      « Dont nous sommes les défenseurs ! »

C'est le noble spectacle auquel je vous convie,
Car vous y puiserez plus de vrai réconfort
Qu'au spectacle de l'ostracisme, œuvre de mort,
Où forniquent ici la bêtise... et l'envie !

(Applaudissements frénétiques. Les fanfares résonnent de nouveau. Alcibiade remonte sur son char et le lance au galop pour rejoindre ses troupes qui se sont remises en marche. La plus grande partie de la foule s'élance à sa suite, y compris tous les gens de la campagne.)

HYPERBOLOS, *affolé et désespéré.*

O malheureux !... Hélas !... Comment vous retenir ?...
L'ostracisme va prendre fin... allez bannir !

TIMANDRA, *qui vient d'entrer en scène, suivie des autres
courtisanes.*

Oui, bannissez Hyperbolos !

LA FOULE, *en gaîté.*

L'idée est drôle !

*(Quelques hommes du peuple quittent la scène, en ayant l'air
de dire : — « C'est cela, allons-y ! »)*

HYPERBOLOS, *à Timandra.*

Ah ! l'hétaïre aussi vient pour jouer son rôle !

TIMANDRA

Sais-tu bien qu'à la fin de t'entendre on est las
Et même de te voir !... car tu ne prétends pas
Être beau !
    (A la foule.)
            Regardez ce front bas, cet œil louche,
Ce crâne tourmenté de bosses, cette bouche

Qui bave des venins, que le mensonge tord,
Et ces gros doigts crochus d'usurier retors !
    (*A Hyperbolos.*)
Non, assez !... plus encor que ta fausse éloquence,
C'est ta laideur qui nous dégoûte et nous offense !
Le peuple athénien met toute sa fierté
Dans le culte et dans le respect de la beauté,
Car toujours si le corps est hideux, l'âme est vile ;
Nous t'avons assez vu ! débarrasse la ville !
C'est bien toi, c'est bien toi celui qu'il faut bannir !
Et que s'enfonce dans la nuit ton souvenir !

LES HOMMES DU PEUPLE

Oui, bannissons Hyperbolos !... Elle a raison !

HYPERBOLOS

Hé quoi ! celle qui fait au peuple la leçon
C'est une courtisane ! Ah ! le spectacle infâme !
Que les gens de police expulsent cette femme !
Où sont-ils ? où sont-ils ?... Je m'en vais les chercher.

TIMANDRA

Va ! mais tu ferais mieux en allant te cacher !
    (*Hyperbolos sort. Les courtisanes le poursuivent de huées.*)

SCÈNE VI

TIMANDRA, LES COURTISANES

*Dès qu'Hyperbolos est sorti, les conques de l'ostracisme résonnent
pour donner le signal de la fermeture du vote.*

TIMANDRA

Pour la dernière fois, les conques ont sonné ;
Le suffrage de l'ostracisme est terminé.
    Hélas ! hélas ! j'ai feint l'audace !
Mais l'effroi m'envahit... Quel malheur nous menace ?
Le scrutin se dépouille... On fixe notre sort.

LES COURTISANES

Allons entendre la sentence !

TIMANDRA

      Non ! d'abord,
Si vous m'aimez, il faut qu'en cette circonstance
Votre amitié se montre et me prête assistance !

LES COURTISANES

Parle ! quel est notre devoir ?

TIMANDRA

Si les Athéniens ont trompé notre espoir,
S'ils ont proscrit Alcibiade le sublime,
Nous devons protester contre un semblable crime.
    (Assentiment.)
Sans doute, pour cela nous n'avons qu'un moyen ;
Raison de plus pour l'employer... Écoutez bien !

Nous, les prêtresses de l'amour, les hétaïres,
Jurons de refuser aux hommes nos sourires,
Tant que l'on n'aura point dans ces murs rappelé
Le héros glorieux par la haine exilé !

LES COURTISANES

Nous jurons ! Nous jurons !

TIMANDRA

Pandemos Aphrodite,
Dont l'âme en nos âmes habite
Et qui fais nos corps glorieux,
Nous te renouvelons notre hommage pieux ;
Mais, ô Déesse de lumière,
Entends notre serment avec notre prière !

LES COURTISANES

Entends notre serment avec notre prière !

TIMANDRA

Faites pour aimer, s'il nous faut haïr,
Nous jurons dans nos cœurs d'éteindre la tendresse ;
Sur celle qui voudrait trahir
O Pandemos, étends une main vengeresse !

LES COURTISANES

Sur celle qui voudrait trahir
Étends une main vengeresse !

TIMANDRA

Si les Athéniens deviennent en ce jour
Indignes de goûter au vin de notre amour,

En leur sang allume les fièvres,
Afin que, tourmentés de furieuse ardeur,
Ils rugissent de désespoir et de douleur
    Quand nous refuserons nos lèvres !

LES COURTISANES

Qu'ils rugissent de désespoir et de douleur
    Quand nous refuserons nos lèvres !

(Les sonneries de conques s'achèvent. On entend, sans discerner les paroles prononcées, un héraut qui proclame le résultat du suffrage populaire.)

TIMANDRA, *angoissée.*

N'est-ce pas le héraut qui parle ?

(A bout de courage, elle se laisse tomber dans les bras de ses compagnes.)

                C'est fini !

(A ce moment, une clameur formidable éclate. La foule se répand sur l'Agora, en poussant des cris de joie.)

SCÈNE VII

LES PRÉCÉDENTS, HYPERBOLOS, HOMMES DU PEUPLE,
GARDES SCYTHES, LA FOULE

UN HOMME DU PEUPLE, *qui accourt, en devançant les autres.*

La sentence est publique... Enfin !... il est banni !

TIMANDRA

Qui donc?

L'HOMME DU PEUPLE

Hyperbolos!

TIMANDRA

O Dieux, je vous rends grâce!

LA FOULE, *poursuivant Hyperbolos.*

Hors les murs! hors les murs!

HYPERBOLOS

Ignoble populace!

UN AUTRE HOMME DU PEUPLE

Hé quoi! ce vil proscrit ose insulter encor!

HYPERBOLOS, *d'une voix menaçante.*

Les Dieux vous châtieront!...

LA FOULE

Au barathre!... La mort!!

UN GARDE SCYTHE, *à la foule.*

Du calme, Athéniens!
        (*A Hyperbolos.*)
        Et toi retiens ta langue!

UN HOMME DU PEUPLE, *à Hyperbolos.*

Réserve pour les ours de Thrace ta harangue !

LE GARDE SCYTHE, *bousculant un peu Hyperbolos, qui voudrait
s'arrêter pour riposter.*

Marche ! aux décrets du peuple il faut être soumis.

*Nouvelles acclamations retentissantes. Ce sont des courtisanes
qui, ayant couru chercher Alcibiade et ayant dételé les chevaux de son char pour s'y atteler elles-mêmes, ramènent le
stratège triomphant sur l'Agora. Une autre partie de la
foule, parmi laquelle les paysans, les accompagne.*

SCÈNE VIII

LES PRÉCÉDENTS, ALCIBIADE, UN AUTRE GROUPE
DE COURTISANES, D'AUTRES GENS DU PEUPLE

LES NOUVEAUX VENUS ET TOUTE LA FOULE, *avec un magnifique
enthousiasme.*

Gloire au stratège Alcibiade !

ALCIBIADE, *à la foule.*

Mes amis,
Puisque vous avez su vaincre la calomnie,
Le triomphe est pour vous seuls...

HYPERBOLOS

Oui, de ton génie

Voilà bien le symbole : un char de guerre, orné
D'or et d'ivoire et par les pallaques traîné !
Et la foule bernée applaudit le scandale
En réclamant l'honneur de baiser ta sandale !
Mais avant que mon temps d'exil soit écoulé,
Patience ! à ton tour tu seras exilé,
Car les Athéniens sont un peuple en démence,
Brisant demain celui que, la veille, il encense.

ALCIBIADE

Non ! c'est toi le dernier qu'Athène aura banni ;
Sur ton nom, désormais, l'ostracisme est fini.
Cette institution, plus d'une fois flétrie,
Agonise avec toi dans la bouffonnerie.
Quoi ! quelque sot s'écrie : « Athène est en péril ! »
Des meilleurs d'entre nous il réclame l'exil ;
Aussitôt, les Cinq-Cents avec l'Aréopage
S'assemblent, effrayés... on mène grand tapage...
Puis on constate, un jour, qu'il n'est aucun danger
Et l'on bannit le sot afin de se venger !
C'est drôle ! Applaudissons au dénouement comique !
Mais songeons qu'il aurait pu devenir tragique !
Et notre politique, en de semblables jeux,
N'est qu'un spectacle ridicule et dangereux.
— L'ostracisme, d'ailleurs, offrit d'autres mécomptes,
Il enfanta bien des méprises, bien des hontes ;
Tous ceux qui furent grands par lui furent frappés
Et puis on reconnut, plus tard, s'être trompés ;
On a banni Cimon, Thémistocle, Aristide
Et cela fut infâme aussi bien que stupide.
Un grand homme banni, — voyez bien le danger ! —
C'est un présent que vous faites à l'étranger ;
Quand il part, il emporte avec lui son génie...
Vous, il vous reste les agents de calomnie ;
Mais bientôt ces coquins eux-mêmes vous font peur
Et vous les bannissez aussi. C'est trop d'honneur !

L'ostracisme est toujours injuste ou dérisoire ;
Avec Hyperbolos terminons son histoire !

LA FOULE

Nous t'approuvons ! Plus d'ostracisme !...

ALCIBIADE

                              Allons ! c'est bien !
Mais sois plus noble encore, ô peuple athénien :
Gracie Hyperbolos de ta dure sentence !
Devenu ridicule, il n'a plus d'importance.
Et, d'ailleurs, il nous fut utile : c'est par lui
Que l'ostracisme vient d'expirer aujourd'hui.
N'en pas être reconnaissants serait inique ;
Qu'il vive en paix, mais reste au fond de sa boutique !
Il en a fait assez pour sa célébrité.

(La foule éclate de rire et semble désarmée.)

HYPERBOLOS, *à part, entre ses dents.*

Tu m'accables encor de générosité ;
Je n'en suis pas ému, je conserve ma haine.

TIMANDRA, *à Alcibiade.*

A défaut de l'exil, il faut une autre peine :
Qu'on le lie à ton char !... et quand il passera,
Qu'on le raille, pendant que l'on t'acclamera !

*(Des hommes du peuple ont prévenu les désirs de Timandra. Et
voici Hyperbolos, les mains liées, attaché au char d'Alcibiade.
Quelques courtisanes s'y attellent, de nouveau, d'autres le
précèdent en effeuillant des roses. En tête du cortège se
placent les trompettes guerrières. Derrière Hyperbolos se
range un détachement d'hoplites. Et la foule se masse en
grandiose escorte. Pendant ces préparatifs, Alcibiade harangue Hyperbolos.)*

ALCIBIADE

Tu tentais d'arrêter mon char dans sa carrière.. ,
Mon pauvre Hyperbolos, je te l'ai dit souvent :
A mon char il vaut mieux s'atteler par devant
Que marcher, alourdi de chaînes, par derrière.

Mon pauvre Hyperbolos, je te l'ai dit encor,
Plus tu m'insulteras et plus tu crieras fort,
Mieux tu réussiras à grossir mon cortège.

TIMANDRA

Sonnez, fanfares !... Gloire à notre grand Stratège ! !
(Le cortège s'ébranle et défile triomphalement, dans le tumulte
des trompettes guerrières et des acclamations.)

RIDEAU

FIN

TABLE DES MATIÈRES

ORLÉANS. — IMP. ORLÉANAISE, RUE ROYALE, 68.